— 台灣鐵路火車百科 II —

台灣輕便鐵道小火車

The Illustrated Handbook of Taiwan Light Railway and

Industrial Railway Rolling Stock

蘇昭旭 著

林業鐵路

糖業鐵路

遊園鐵路

東線鐵路

礦業鐵路

鹽業鐵路

人人出版

保存台灣產業鐵路運輸網史蹟　應成社會共識

早年的台灣是個公路和個人交通工具並不發達的年代，交通運輸的大動脈除了省鐵以外，就屬幾條數量有限、道路標準極差的省公路了。因此，各項重要產業的業主為了能有效地運輸原料、材料、副產品、成品，莫不各自建設了專屬的鐵路線或網絡。這一些鐵路線網，包括了糖業鐵路、林業鐵路、鹽業鐵路、礦業鐵路、建設工程用鐵路、窯業鐵路，甚至是鳳梨事業鐵路等，配合原有的一些以載客為主的地方性人力輕便鐵路網，滿佈於台灣這一塊土地上，真正地深入了許多省鐵和公路無法到達的鄉鎮，除本業之外，亦肩負了著服務民眾交通運輸的任務，是過去台灣重要的交通命脈；有些甚至更是戰時的備用路線，其重要性真是不言可喻。

這一類或稱為輕便鐵路的產業鐵路運輸網，雖多與省鐵相連為目標，但因為運量與速度之要求均不若省鐵般地殷切，故動力方面亦不若所謂的幹線級鐵路般地強大。輕便鐵路的動力與一般鐵路的發展過程無異，也是從人力或獸力發展起；路線的敷設，也是從臨時性的可拆裝式的軌道組合，一直發展成固定的路線，有些甚至比省鐵更早普遍使用水泥路枕和電氣動力，這一點也是輕便鐵路可以引以自豪的。當然，有很長的一段時間，輕便鐵路主要是以蒸汽機車為動力，能源則是以煤炭為主；然而在一些特殊的條件要求以及時代的進步之下，柴油或電氣動力的機車亦應運而生。

這一些多樣化的產業輕便鐵路，歷經了萬變的時間歷程，迄今僅存的有如鳳毛麟爪；所使用過的機車，也因各業主不同的文物保存態度也有著不一樣的待遇。如今星羅棋布在各地角落的輕便鐵路小火車，或刻正使用中、或被重生使用、或被悉心保存，或被草率保存，其型式、數量之繁多，若非對於此一領域的鐵道趣味研究具有相當專業知識者與恆心與毅力者，斷無法整理資料供有興趣之同好參考或繼續鑽研之用。如今幸有昭旭吾弟願意發揮所長，焚膏繼晷，歷經多年之時光與努力，將其完備的影像及各項諸元、資歷蒐集歸納成冊；在本書完稿之際，深感本書能使吾等不費吹毫之力，便得以窺知渠等勞苦功高的產業龍頭，如今之下落、經歷，甚至可以順道神遊相關的風景與人文景觀；對鐵道趣味之貢獻，不可不謂大矣。

盼吾等後進之輩，於閱罷此書之際，能以對於此一領域之文物保存觀念能有更深一層知體認，進而發揮各自之影響力，將鐵道文物保存之觀念予以推廣，使如今存在之有限資源得以不再消失，進而能得到更有效之運用，乃內心深處最誠摯之願望。

蘇奕肇

Citycat 謹序
http://citycat.theweb.tw/ 街貓的鐵道網站

莫讓城鄉記憶失了根　保存台灣鐵道的弱勢族群

台灣日治時期的產業輕便鐵道，1906年誕生於嘉義的北門與高雄的橋仔頭，以762mm軌距為最大宗，包含糖鐵、林鐵、鹽鐵、工事鐵道、舊台東線，610mm以下軌距的礦業鐵道與台車鐵道等體系。它曾經密如蛛網，高達三千六百餘公里，分布在台灣這塊土地上，它的總里程遠超過台鐵1067mm軌距一千餘公里，高鐵1435mm軌距345公里，輕便鐵道路網，才是台灣鐵道最大的體系。然而，竟然成為台灣鐵道最大的弱勢族群，今日絕大多數都面臨淘汰的命運，連最知名的阿里山森林鐵路都面臨存續危機。

回顧百年前誕生的光景，台灣的糖業鐵路，純粹只是為運送甘蔗原料與成品的產業輕便鐵道，台灣的林業鐵道，也是以伐木為主要任務，輸送農產品的輕便鐵道，它們是台灣1960年代經濟發展的基礎。最重要的是這些輕便鐵道，曾經作為連接台灣城鄉運輸的交通路網，陪著許多人走過農村經濟的通勤歲月，那一段披星戴月，搭五分車上下學的時光。

然而在1970年代後，隨著台灣鄉鎮道路的發展，巴士的普及、私有汽機車的持有率增加，而逐漸沒落，甚至全面遭到淘汰。所幸，阿里山鐵路結束了伐木的歷史任務，1963年起發展成觀光鐵道，但面臨1982年阿里山公路的通車競爭，依然無法逃脫被邊緣化的命運，甚至最後以飯店BOT與鐵路OT的方式移轉，而陷入另一場浩劫之中。無獨有偶的在1982年，台糖最後一條定期客運營業線嘉義線，往來於嘉義及北港之間正式廢止。這些產業輕便鐵道，走過百年的滄桑，在台灣經濟起飛之後被徹底遺忘，後代子孫彷彿失去感恩的心，政府沒有配套的保存措施，它們只能凋零與默默飲泣。

政府無心，民間有意，歲月無情，繁華落盡。我們對不起二十世紀初期鐵道開拓者的辛勞，除非能夠還給它們應有文化資產與歷史地位。主事者的冷漠，總是振振有詞，其實，這並不完全是時代趨勢問題，還有很大的政策問題，與國際視野問題。這一二十年來，透過鐵道文化協會與民間團體，很多要求保存的聲音在各界迴盪，我也透過自己的鐵道智庫體系出版，引進國外的保存實例，去呼籲社會形成民間共

識。今天如果我們不能以文化資產的新視野，去愛惜與保存台灣的輕便鐵道，而是以粗略的交通工具觀點，去看待這些輕便鐵道，以落伍的法規去規範限制，台灣經歷百年祖先努力，所留給我們的輕便鐵道資產，將一夕敗光，台灣的輕便鐵道，就在這一代官僚的偏見眼中，完全毀滅。

何謂輕便鐵道，它的定義其實是一個非常複雜的問題。因為這個名詞在台灣，起源於1910年日本領台期間，明治43年4月21日，日本政府頒布「輕便鐵道法」，隔年1911年3月27日，日本政府又頒布「輕便鐵道補助法」，台灣與日本兩地同步實施，獎勵民間集資興築私有鐵道，以振興地方經濟，當時所指的是2英呎6英吋，762mm(含)以下的鐵道，至今2010年為止，已經有百年歷史。不過，台灣762mm鐵道實際出現時間更早，1906年7月9日的嘉義阿里山鐵路已經開工，1907年2月完工通車，而高雄橋頭地區在1906年開始鋪設原料線，不過當時還是用水牛去牽引，1907年11月橋仔頭糖廠以蒸汽火車開始營運行。

歷經百年，糖鐵、林鐵、鹽鐵是台灣的三大產業鐵道，加上工鐵與礦鐵，以及舊東線都是使用762mm軌距，「糖林鹽工礦東」，成為台灣六大輕便鐵道體系。此外，台灣還有3英呎914mm軌距的港區鐵道，2英呎610mm軌距以下的礦業與台車鐵道，如610mm的五堵基隆煤礦，545mm的烏來台車，1英呎8英吋為主的508mm礦業鐵道，以及495mm路網的台車鐵道與新平溪煤礦等等，就有六種軌距之多，造就台灣這個輕便鐵道王國。如果加上高鐵1435 mm與台鐵1067mm，即高達有八種軌距之多，軌距繽紛多元，也是台灣鐵道文化不朽的傳奇。

莫讓城鄉記憶失了根，保存台灣鐵道的弱勢族群，這是我這撰寫本書的核心價值，政府應該還給它們應有文化資產與歷史地位，否則實在對不起二十世紀初期，我們祖先開拓者的辛勞。我打算寫這本書，大概在1999年十多年前開始，如今2010已經超過十年以上的時間，資料龐雜無法想像，尤其是許多資料台灣已經找不到，必須出國前往日本收集，像是在拼圖一般，一點一滴去還原歷史的真相。在蒐集資料的這十年之內，發生了太多的事，我最難過莫過於張新裕老先生，他把挑好的相片交給我的時候，他還健在，然而他老人家等不到這本書出版，便已黯然辭世，他走了之後，也是阿里山森林鐵路最黯淡的時光。我很感謝古仁榮先生，這十多年來全力支持我，每次他跟我聯絡時，也掛念著這本書，何時會完成啊？我感到很慚愧，我心裡的苦，外界難以想像。

台灣只要研究或出版高鐵、捷運，彷彿與科技流行沾上了邊，預算與光環總是享用不盡，學術界更是非常現實，人人皆要錦上添花，無人願意雪中送炭。誠然，台灣的輕便鐵道，它是個非常冷門的研究領域，資料難找，訛傳又多，不論是在學術或是出版界，都不太討喜。然而，社會不缺有錢人，人間但缺有心人，台灣不愁少一個博士或教授，但台灣的登山鐵道與輕便鐵道，少一個執著的知識耕耘者，就沒有人為他們的處境發聲。或許，過去我寫了許多很熱門受歡迎的鐵道書，但是，我心中最掛念的卻是這本書，最在意的是這本書，最喜歡的也是這本書，這十多年來建立的社會影響力，累積這二十四本的光芒，只為了照亮最後這一本「弱勢族群」，讓台灣的輕便鐵道存續，成為社會關注的焦點。

我並非出自富貴家庭，而是靠自己長期努力默默存錢，一方面用於鐵道智庫出版工具書體系，推廣鐵道知識；另一方面則用於建置交通科學技術博物館，讓有心的學生免費來參觀，我的鐵道智庫中心，在完全沒有任何政府部門的款項贊助之下，從1999年到2010這12年之內，出版二十五本鐵道知識庫的專書。大家可以發現，獨立去完成這些工具書，是件辛苦的事，最該感謝的海內外的讀者群，大家的熱情支持，才是成就這個鐵道知識庫的最大功臣。透過鐵道資訊透明化，在高鐵與捷運方面，以先進的資訊，帶給國人前所未有的新視野，在鐵道文化資產方面，以國外的案例，凸顯出台灣現有的官僚成見，保存法規的漏洞百出。不過這本書終究是靜態的報告，台灣最佳的「輕便鐵道即時資料庫」，是蘇奕肇先生的街貓網站，感謝他的幫忙與提供最新資訊，讓本書引用該網站資料同步更新，未來也推薦讀者隨時上網查詢。能維持這樣的「鐵道即時資料庫」，長期下來要多少精神與努力，我真的感同身受，也期待讀者給予支持鼓勵！

本書的彩色圖片數目逼近1400多張，更超越台灣鐵路火車百科(2009年更新版)，礙於市場的限制，在有限的頁數空間之下，為了能夠放進更多的圖，文字也只能儘量簡要，充其量真的是台灣輕便鐵道的簡介。本書分成這八大單元，我深深有感台灣這八大類的輕便鐵道車輛，實在都應該獨立成為專書，因此我一直不放棄與政府機關合作，獨立出版專書的可能。我除了阿里山鐵路以外，台灣的舊東線鐵路，已經有專書的政府出版品，其他體系也在計畫中，尤其是跨越百年的台糖鐵道，資料最為龐雜，而台糖竟然從來沒有一本鐵道官方出版品，出版專書的計畫，我從未放棄努力。本書工程浩大，疏漏難免，也真心地期望讀者批評指正，時代日新月異，知識可以被超越，但是胸襟與風範無可取代，虛懷若谷，求真知之心甚於虛名，才是學者最重要的治學精神。

所謂德不孤必有鄰，感謝所有全力幫忙我的好友，除了張新裕，古仁榮前輩，日本友人杉行夫，野間晃，金井泰夫，金井百合子，台灣鐵道界前輩許乃懿，蘇奕肇，洪致文，楊肇庭，黃文鎮，薛駿良，林鈺峰，謝嘉亨的陶作，林松雄的火車，花蓮文化局楊淑梅小姐與昔日鹽光基金會鄭淑芬等人的協助，提供關鍵的歷史照片與資訊，本書才得以完成。期待透過這本書，畢其功於一役，喚起社會的重視，讓台灣的輕便鐵道，能得到應有文化資產與歷史地位。

(本書除特別註明者以外，
圖片均為作者所攝)

台灣鐵路火車百科 I
幹線鐵道體系 高鐵 捷運 台鐵
1435mm 1067mm 軌距

台灣鐵路火車百科 II
輕便鐵道體系 糖鐵 林鐵 鹽鐵 工鐵 礦鐵 東鐵
1067mm 914mm 762mm 610mm 545mm 508mm 495mm 軌距

台灣輕便鐵道小火車

The Illustrated Handbook of Taiwan Light Railway
and Industrial Railway Rolling Stock

序
02 保存台灣輕便鐵道應成社會共識　　　　　　　　　蘇奕肇
02 莫讓城鄉記憶失了根 保存台灣鐵道的弱勢族群　　蘇昭旭

認識輕便鐵道篇

07 曾經密如蛛網　珍惜台灣的產業鐵道
08 何謂輕便鐵道　經濟型低成本的鐵道
12 切莫以訛傳訛　市井常見的十大錯誤
16 糖林鹽工礦東　台灣的輕便鐵道體系
18 產業鐵道的聯結　輕便鐵道的特殊功能
21 超乎想像的複雜　輕便鐵道的軌道設施
24 輕便鐵道的掙扎　拓寬軌距 以求生存

糖業鐵道篇　　　　　　　軌距 1067mm 762mm 610mm

27 半世紀的甜蜜時光　台灣的糖業鐵道

琳瑯滿目 台灣糖業鐵道的車輛概述
34 台糖與台鐵聯運的1067mm軌距車輛
36 日治時期的台灣糖業蒸汽機車
38 台灣糖業鐵道的蒸汽機車
46 台灣糖業鐵道的內燃機車
53 台灣糖業鐵道的內燃客車
57 台灣糖業鐵道的客車
60 台灣糖業鐵道的貨車
66 台糖其他用途的車輛

撫今憶昔 昔日台糖蒸汽火車頭何處尋
69 台糖蒸汽小火車的保存現況
76 台糖 SL370　動態保存　台灣烏樹林
78 台糖 SL346　動態保存　台灣溪湖糖廠
80 台糖 SL362　動態保存　日本野邊山
81 台糖 SL347　動態保存　日本河北町

82 誠信無存的荒唐故事　台糖 SL650
83 歷史的錯誤　烏山頭水庫的台糖蒸汽火車

物換星移 台灣糖業鐵道最後的運行時光
84 新營糖廠　果毅后旗站　台糖也有之字形路線
86 岸內糖廠　新營糖廠站　台糖最後的行控中心
88 虎尾糖廠　最後的動態保存地
90 南靖糖廠　八掌溪旁的煙囪
92 仁德糖廠　二層行溪的印象
93 北港糖廠　最後的北港線客運

轉型求生 台糖小火車的觀光鐵道新世紀
94 溪湖糖廠觀光鐵道　　　最富原味的台糖小火車
96 花卉博覽會的觀光鐵道　臨時性的觀光鐵道
98 蒜頭糖廠的觀光鐵道　　蔗埕文化園區
100 烏樹林的觀光鐵道　　　台糖觀光火車的先驅者
102 新營糖廠的觀光鐵道　　八翁線觀光火車
104 佳里糖廠的觀光鐵道　　五彩繽紛的世界
106 橋頭糖廠的觀光鐵道　　台灣現代製糖的開拓者
108 南州糖廠的觀光鐵道　　台灣最南端的製糖鐵道

國外特輯　前瞻與思考
110 日本北海道丸瀨布町鐵道　台糖SL532
112 日本的三岐鐵道北勢線　近畿鐵道內部線
114 英國動態保存的台糖火車
115 英國費斯汀尼的鐵道

林業鐵道篇　　　　　　　　　　軌距 762mm

117 傲視東亞聲名遠播　台灣的林業鐵道
117 繁華落盡　台灣的三大林場

碩果僅存 阿里山森林鐵道的車輛概述
122 阿里山鐵路的蒸汽機車
126 26號 Shay　動態保存　蒸機復駛的第一部
127 25號 Shay　動態保存　平地登山路線專用
128 31號 Shay　動態保存　阿里山的支線專用
129 阿里山鐵路的內燃機車
133 阿里山鐵路的內燃客車
135 阿里山鐵路的客車
140 阿里山鐵路的貨車與工程車

蘭陽之美 羅東的森林鐵道
142 昔日羅東林鐵的蒸汽機車
146 昔日羅東林鐵的內燃客車
148 昔日羅東林鐵的客貨車輛
150 今日羅東林鐵的車站復興

悠遊山林　太平山森林鐵道
152　現今營運的太平山林鐵小火車
154　索道集材的運輸機械

其他保存的森林鐵道遺址
156　鯉魚潭的森林鐵道
158　林田山鐵道遺址
160　車埕的鐵道遺址
162　南華森林公園的林鐵火車
163　珍惜有心人　盛夏的軌跡鐵道

國外特輯　前瞻與思考
164　日本的窄軌森林鐵道　赤澤森林鐵道

鹽業鐵道篇　　軌距 762mm　610mm
167　滄海桑田　台灣的鹽業鐵道
170　最後的台鹽鐵道
172　現今保存的台鹽小火車
173　七股的鹽業博物館

國外特輯　前瞻與思考
174　中國青海鹽湖　高原上的鹽鐵

工程鐵道篇　　軌距 1067mm　914mm　762mm　610mm
177　嘉南大圳的感動傳奇　八田與一的故事
180　台灣總督府土木局　施工用的蒸汽火車
181　日月潭大觀電廠的施工鐵道　神秘的電氣工事鐵道
184　日治時期的中油蒸汽火車　懷念的蹤影
185　台灣奇特的港區鐵道　基隆港務局鐵道　澎湖也有火車

國外特輯　前瞻與思考
186　日本的窄軌登山鐵道　黑部峽谷鐵道
188　日本的纜索斜坑鐵道　青函海底隧道龍飛斜坑線

礦業鐵道篇　　軌距 1067mm　762mm　610mm　508mm　495mm
191　黝黑的歲月　台灣的煤礦鐵道小火車
195　淘金鎮傳奇　台灣的金礦鐵道小火車
197　新平溪煤礦鐵道與煤礦博物館小火車
199　三峽煤礦最後保存的蒸汽小火車
200　珍惜有心人　新聯興的感動傳奇

國外特輯　前瞻與思考
202　日本的成田夢牧場　基隆煤礦的蒸汽火車復活
203　日本的橫川碓冰嶺鐵道文化村　輕便鐵道蒸汽火車

東線鐵道篇　　軌距 1067mm　762mm
205　窄軌高速化　台東線輕便鐵道的一頁傳奇
208　昔日台東線的輕便鐵道車輛
211　今日保存的台東線鐵道車輛
216　拓寬軌距之後的東線小叮噹
218　小叮噹變成鐵道餐廳的心酸
220　黃皮仔塗裝客車的復活之路
222　LDT103 全球少見的762mm煤水車式蒸汽機車
224　LDK58 LDK59 東線蒸汽機車的重生之路
230　珍惜有心人　仕佳興業的感動傳奇

國外特輯　前瞻與思考
232　奧地利的 Zillertalbahn
233　德國的 Löβnitztalbahn

其他的輕便鐵道篇　軌距 1067mm　762mm　610mm　545mm　495mm
失落的一頁　無處可尋
235　台灣早年的台車鐵道
幸運的一頁　碩果僅存
236　現今營運的烏來台車鐵道
新興的一頁　希望重生
239　集集鎮環鎮鐵道
243　東勢鎮的騰雲號
歡樂的一頁　遊園鐵道
247　九族文化村的遊樂區鐵道
248　六福村的遊樂區鐵道
249　小人國的遊樂區鐵道
250　五英吋軌距的載人鐵道
特別的一頁　少人知道
251　台灣的登山索道
252　製磚廠也有軌道
252　台灣最寬軌距的港區軌道體系

國外特輯　前瞻與思考
253　日本虹之鄉的迷你鐵道

後記　254　前瞻與未來　法規與行政有待解決
　　　　　　　台灣輕便鐵道將何去何從？

附錄　256　台灣輕便鐵道的基本常識

認識輕便鐵道篇

曾經密如蛛網　　　珍惜台灣的產業鐵道
何謂輕便鐵道　　　經濟型低成本的鐵道
切莫以訛傳訛　　　市井常見的十大錯誤
糖林鹽工礦東　　　台灣的輕便鐵道體系
產業鐵道的聯結　　　輕便鐵道的特殊功能
超乎想像的複雜　　　輕便鐵道的軌道設施
輕便鐵道的掙扎　　　拓寬軌距　以求生存

台灣的輕便鐵道最大的路網體系，台糖鐵道762mm軌距。

曾經密如蛛網　珍惜台灣的產業鐵道

台灣的糖業鐵道，搭配蒸汽火車復駛，2001年起轉型觀光的烏樹林觀光列車。

結束了伐木的歷史任務，阿里山鐵路也從產業輕便鐵道，發展成觀光鐵道。

昔日台糖的蒸汽機車，純粹只是為運送甘蔗原料與成品的產業輕便鐵道。
（古仁榮攝）

政府無心，民間有意，歲月無情，繁華落盡。
我們對不起二十世紀初期鐵道開拓者的辛勞，
除非能夠還給它們應有文化資產與歷史地位。

台灣日治時期的產業輕便鐵道，誕生於1906年的嘉義北門與高雄橋仔頭，以762mm軌距為最大宗，包含糖鐵、林鐵、鹽鐵、舊台東線等體系，它曾經密如蛛網，高達3,600多公里，分布在台灣這塊土地上，它的總里程遠超過台鐵1067mm軌距1,000餘公里，高鐵1435mm軌距345公里，然而，如今絕大多數都面臨淘汰的命運，連知名的阿里山森林鐵路都面臨浩劫。過去的糖業鐵路，純粹只為運送甘蔗原料與成品的產業輕便鐵道，過去的林業鐵道，也是以伐木為主要任務，輸送農產品的輕便鐵道，重要的是這些輕便鐵道，曾經作為連接台灣城鄉運輸的交通路網，然而在1970年代之後，隨著台灣鄉鎮道路的發展，巴士的普及，私有汽機車的持有率增加，而逐漸沒落，甚至全面遭到淘汰。這並不完全是時代趨勢問題，還有很大的政策責任，與國際視野問題。

所幸，阿里山鐵路結束了伐木的歷史任務，1963年起發展成觀光鐵道，台灣的糖業鐵道，搭配烏樹林車站與蒸汽火車復駛，2001年起成功轉型觀光。今天如果我們不能以文化資產的新視野，去愛惜與保存台灣的輕便鐵道，而是以粗略的交通工具觀點，以落伍的法規去限制，輕賤這些輕便鐵道，台灣百年祖先的努力，所留給我們的輕便鐵道資產，全都耗盡敗光，台灣的輕便鐵道，就毀在少數偏見的官僚手中，完全消失殆盡。

何謂輕便鐵道　經濟型低成本的鐵道

狹義的輕便鐵道是指軌距在1000mm或914mm以下，圖為日本北海道的小樽鐵道紀念館鐵道，914mm軌距。

　　何謂輕便鐵道，它的定義有點複雜，其實是一個綜合歷史與國際觀的問題。這個名詞在台灣，起源於日本領台期間，明治43年4月21日，1910年日本政府頒布「輕便鐵道法」，隔年1911年，明治44年3月27日，日本政府又頒布「輕便鐵道補助法」，台灣與日本兩地同步實施，獎勵民間集資興築「私設鐵道」，當時的輕便鐵道，是指2英呎6英吋，762mm（含）以下的鐵道，至今2010年已經有百年歷史。不過，台灣762mm鐵道實際出現時間更早，1906年7月9日的嘉義阿里山鐵路已經開工，1907年11月高雄橋仔頭糖廠的原料線開始運行。

　　因此，輕便鐵道它其實是個日本名詞，輕便一詞所指的是用地省、施工易、低成本，經濟鋪設的私有鐵道，以便於產業投資與回收。近百年來台灣發展的地方產業鐵路網，包含糖鐵、林鐵、鹽鐵、礦鐵、人力台車鐵道等等，都與此一法案，密不可分。然而，輕便鐵道在國際上並沒有合適對應的字語，不論是翻譯成窄軌鐵道 Narrow Gauge Railway，輕軌鐵道 Light Railway，或者是台車鐵道 Cart Railway，產業鐵道 Industrial Railway，其實都有意猶未盡之處。

　　首先，因為西方社會只有以運輸幹線，標準軌1435mm為分類界線，軌距比1435mm寬稱為寬軌 Board Gauge Railway，軌距比1435mm窄稱為窄軌 Narrow Gauge Railway，所以翻譯成 Narrow Gauge Railway，彷彿台鐵1067mm也包含在內，也不近情理。而 Light Railway 輕軌鐵道與軌距無

全球最早的輕便鐵道，是從十六世紀礦業用的台車開始。

這批台糖每16公斤/公尺的鐵軌，1067mm軌距，等同台鐵在十九世紀末，創業時期的輕便鐵道規模。

日本丸瀨布的森林鐵道，動態保存的762mm軌距的輕便鐵道蒸汽機車。

日本京都梅小路火車博物館，動態保存的1067mm軌距的輕便鐵道蒸汽機車。

荷蘭的 Hoorn 火車博物館，動態保存的1435mm軌距的輕便鐵道蒸汽機車。

瑞士少女峰 WAB 的電車，800mm軌距，是輕便鐵道作為登山鐵道的實例。

關，是以軌重、軸重與運量做為分界點，鋪設每公尺22公斤重以下粗細的鐵軌，或機車軸重在10噸以下，雖然可稱為輕便鐵道，似乎沒有規範到較小軌距的問題。而 Cart Railway 台車鐵道，多數用於礦業或施工場所，泛指人力或獸力推行的迷你鐵道，或者是簡易的機械帶動者均屬之，如台北烏來台車鐵道即是，其範圍過於狹小。

西方的產業鐵道　最接近日本的輕便鐵道

經過長期的研究，翻閱歐洲的相關的文獻，似乎只有產業鐵道 Industrial Railway，比較接近日本輕便鐵道所指的內容。Industrial Railway 泛指軌距在1000mm或914mm（包含）以下，多數因產業需求而鋪設，徵收的用地省、軌條較輕成本較低，淨空較小施工容易，概括這一切目標的經濟型鐵道，以便於產業投資與成本回收。至於為何是1000mm或914mm？因為早年鐵道的發展，還是以英呎英吋為單位的時代，914mm就是三英呎，公制單位開始推行之後，米軌1000mm開始在歐洲地區流行，甚至隨著十九世紀當時殖民帝國的擴張，被廣泛運用在中南半島與雲南地區，所以1000mm軌距，成為合理的新界限。

其實，人類鐵道的發展，並非在史蒂芬生發明蒸汽動力機車之後，早在十六世紀，歐洲就有很多礦業的鐵道，是以三英呎914mm或二英呎610mm為標準，體積很小，以便利礦坑輸送，當時木輪木條的軌道已經存在，後來煉鐵的技術成熟，鋼輪與鐵軌才蔚為風行。在1825年史蒂芬生發明蒸汽機

輕便鐵道往往是以產業鐵道或台車鐵道居多，圖為台灣的烏來台車鐵道，545mm軌距。

輕便鐵道經常會被誤以為是遊樂區鐵道，台灣九族文化村，610mm軌距。

車之後，鐵道的發展除了考量運量，還有速度的競爭力，鐵道才發展成交通工具。因此，窄軌距的產業鐵道，其歷史比一般鐵道的交通工具更為悠久。

因此嚴格來說，軌距小於914mm以下，多半歸類為產業鐵道，屬於非交通路網居多，除了少數國家的特例以外，通常不計入該國交通統計的鐵道路網里程，全球鐵道對於914公厘以下的軌距統計不多，大概僅佔全球約2%以下。為了劃分產業鐵道的範圍，因此從1067mm-914mm（3英呎），稱之為中度軌距 Medium gauge，從914mm(3英呎)-610mm(2英呎)，稱之為兩呎軌距 Two Feet gauge，而610mm(2英呎)以下，稱之為迷你軌距 Minimum gauge，一般客貨運輸的實用的最小軌距到15英吋381mm。無怪乎輕便鐵道在台灣，經常會被誤以為是遊樂區鐵道。（詳細請參閱拙作　世界鐵道與火車圖鑑的附錄統計表）

狹義的輕便鐵道　定義與討論

因此，本書在討論台灣的輕便鐵道之前，必須先針對研究範圍有所定義。狹義的輕便鐵道，是指軌距在1000mm或914mm以下的鐵道，尤其是指產業鐵道 Industrial Railway，包含台車鐵道 Cart Railway 在內，這個定義比較能被多數人所接受。由於台灣的產業鐵道路網，過去幾乎都在日治時期所創設，在當時稱為「輕便鐵道」，特別是指762mm軌距；因此輕便鐵道往往是以產業鐵道居多，所以台灣今天也沿用輕便鐵道這個名詞，台灣的糖鐵、林鐵、鹽鐵、礦鐵、舊東線鐵道、人力台車鐵道等，也都包含在內。

不過，無可諱言的，1910年日本的輕便鐵道法，制約了這個762mm軌距。但是在此之前，世界各地有很多輕便鐵道都在鋪設，卻未必是762mm軌距。對於輕便鐵道的認定，因為地域性的緣故，有很大的落差。因為，在十九世紀鐵道創業之初，有很多鐵道的鋪設，是以較輕的軌條、較小的機車、較差的建築界限，然而軌距卻是1067mm，甚至是1435mm以上。當時的鋪設的確是十分地簡陋，也算是輕便鐵道，不過，卻預留了未來升級的空間，包含軌條加粗，車輛變大，甚至鐵路電氣化雙軌化，發展成現代的鐵路網。這些世界各國早期的鐵道，實在不能以日本的輕便鐵道法，排除它們不算是輕便鐵道。

廣義的輕便鐵道　定義與討論

因此，輕便鐵道一詞的涵義，有涵蓋到「經濟型」鋪設的內容，但是 Industrial Railway 產業鐵道主要針對軌距，而輕軌鐵道 Light Railway 的經濟內涵，不該被排除在外，實在應該被一起放進來。因此，廣義的輕便鐵道係指「軌距」比較窄在914mm以下，或是「軌條」比較輕，或是機車「軸重」比較輕的經濟型鐵道。因此包含1067mm、1435mm甚至更寬的軌距在內，只要是鐵軌每碼45磅以下，換算每公尺22公斤重以下的鐵軌，或是機車軸重在10噸以下，亦可稱為廣義的輕便鐵道，不受限於軌距寬窄。因此本書研究台灣輕便鐵道小火車，英文要涵蓋兩者，所以用 Taiwan Light Railway and Industrial Railway Rolling Stock。

1887年劉銘傳創業時期的台灣鐵路，雖然軌距1067mm，但是軌條的重量為每碼36磅，大約每公尺17.8公斤重，當然是輕便鐵道，然而今日的台灣鐵路，早已不是當年的輕便鐵道了。此外，台灣鐵路在1887年創建初期，騰雲號的「車重」比較輕，只有16公噸，軸重為8噸，與阿里山的 Shay 機車相同，也算是一種輕便鐵道蒸汽機車。印證了十九世紀鋪設輕便鐵道，其實具有發展性，但是窄軌鐵道要變更軌距就很難，所以制定軌距之初，不可不慎。

由此可見，不論從762mm、1067mm到1435mm軌距，從日本到歐洲，都有「軌條很輕」的輕便鐵道，或「軸重很輕」的蒸汽機車。例如俄羅斯聖彼得堡的輕軌電車體系，軌道其實很輕，車輛也很簡陋，卻為寬軌1524mm軌距；德國古老的路面電車，車輛僅有兩軸，為標準軌1435mm軌距，這些也算是廣義的輕便鐵道的一種。因此，廣義的輕便鐵道定義，不止是看軌距「寬窄」、也看軌條「粗細」、也看機車的軸重是否「輕巧」。

日治時期的台灣，在1926年昭和年間以後，762mm輕便軌道的軌條重量，多數以每公尺12-15公斤居多，但是1067mm的台灣鐵路網，已經提升到每公尺30-37公斤，軌條重量的差別，由此可見。今日東勢客家文化園區的復駛軌道，鋪設台糖每公尺16公斤的鐵軌，然而卻是1067mm軌距，等同恢復台鐵在十九世紀末，創業時期的輕便鐵道規模，所以本書也將該路線納入進來。

輕便鐵道的特性與優點

（1）輕便鐵道鋪設成本較為經濟：車輛寬度較窄，結構物均較小，軌條亦較輕，可節省徵收用地成本，以及建設工程經費。這也是二十世紀初期產業道路採用的理由。

（2）輕便鐵道的曲線限制較小：輕便鐵道的曲線半徑可以很小，為了便利車輛轉彎，許多三軸的輕便鐵道蒸汽機車，中間的動輪會將輪緣取消。因此適用於地勢險峻的山岳地區，如森林鐵道和登山鐵道，輕便鐵道就很多。

（3）輕便鐵道路線的坡度可以加大：因軌距較小地形適應性較好，開鑿長隧道的機率也較低，包含之字形、螺旋線、齒軌鐵道，普遍用於輕便鐵道。

（4）輕便鐵道的車輛重量很輕巧：機車牽引噸數較小，可節省機車牽引動力，能源消耗也少，適合小型機車運用。因此許多輕便鐵道會將車輛縮小，限制車輪的最大輪徑，以減少車輛轉彎的摩擦力。

輕便鐵道的限制與缺點

（1）一般而言，不論是窄軌鐵道還是輕便鐵道，由於行駛穩定性S「車寬/軌距比值」較高，重心高穩定性相對差，這限制了它後來的速度發展。由右頁的圖分析可知，S（Stability）值，台灣的林鐵與台鐵都在2.7以上，標準軌的高鐵只有2.3，法國竟限制車寬2900mm，所以 TGV 只有2.02，這也是鐵路發展要提高速度時，輕便鐵道很容易被遭到淘汰的主因。

俄羅斯聖彼得堡的輕軌電車體系，為寬軌1524mm軌距。軌道其實很輕巧，車輛也很簡陋，也算是廣義的輕便鐵道。

德國古老的路面電車，為標準軌1435mm軌距，軸重很輕，屬於廣義的輕便鐵道。

廣義的輕便鐵道體系是泛指「軌距」比較窄，或是機車「軸重」比較輕的經濟型鐵道。圖為日本四國松山的伊予鐵道少爺列車，1067mm軌距。

台灣鐵路在1887年創建初期，騰雲號的「車重」比較輕，只有16公噸，也算是一種廣義的輕便鐵道蒸汽機車，1067mm軌距。

(2) 輕便鐵道對公路的競爭力較弱，1915年開始小汽車逐漸發展，1920年代巴士開始流行。因此，輕便鐵道曾經作為連接城鄉運輸網路，包含糖鐵、林鐵、鹽鐵在內，在1970年代的台灣逐漸遭到淘汰。1911年日本方頒布輕便鐵道補助法不久，1919年4月10日公布「地方鐵道法」，輕便鐵道便不再補助。

輕便鐵道的沒落與生機

其實台灣輕便鐵道最為嚴重的致命傷，無非是762mm地方輕便鐵道，與主要交通鐵路網1067mm難以銜接的問題。日本在1919年4月10日公布「地方鐵道法」，也打破了762mm的成規，地方鐵道不再是762mm，1067mm軌距者也不再少數，當時地方鐵道在台灣稱為「私設鐵道」，最有名的莫過於1922年的台北鐵道會社鐵道，即是後來的新店線，台灣拓殖株式會社的鐵道，即後來的中油支線，與台鐵銜接聯運容易。因此，日本從1916年到1950年，分別將全國762mm鐵道，包含一條官設線並收購12條私鐵線，全部改軌成國鐵的1067mm交通路網。二次大戰之後，762mm軌距鐵道的沒落，不言可喻，沒有改軌的路線幾全廢除，除了刻意保存的幾條路線，所剩不多。這也印證了歐洲國家在十九世紀時，發展鐵路交通路網的遠見；鋪設成本如何經濟，但是不應限縮軌距，目的是考慮到未來鐵道提升的空間。

台灣的情況何其不然？在大正年間，集集線是蓋電廠的產業鐵道，平溪線是開採煤礦的產業鐵道，它們都選對了軌距1067mm，日後被台灣總督府鐵道部收購，後來成為台鐵的一部分，幸運的還有舊東線、金瓜石線，雖然是762mm軌距，因為拓寬軌距為1067mm，變成台鐵花東線與深澳線，所以生存了下來。其他台灣3,600多公里的762mm軌距路網，只能寄生在產業鐵道底下。一旦產業沒落，輕便鐵道的也跟著沒落。今天政府在鐵路法規上，竟然制定「民用鐵路法」，規定為1435mm軌距，只為高鐵量身訂做，而台灣其他輕便鐵道發展觀光，竟然以遊樂區設施（機械）管理辦法去審理。

因此，今天如果不能找出這些歷史的根源，去愛惜與保存台灣的輕便鐵道，並以文化資產的角色賦予其地位，而是以粗略的交通工具觀點來輕視它並任其荒廢，台灣的輕便鐵道將完全失去生存與發展的空間，台灣百年祖先所留給我們的鐵道資產，將完全毀於少數握權卻無知的官僚手裡，是何其不幸的事！

輕便鐵道一般來說，曲線半徑比較小，為了便利車輛轉彎，許多三軸的蒸汽機車，中間的動輪會取消輪緣。

輕便鐵道會將車輪縮小，限制車輪最大輪徑，以減少車輛轉彎的摩擦力。

絕大多數輕便鐵道屬於產業鐵道體系，圖為森林鐵道的運材車。

世界各國鐵路的軌距 簡要整理

寬軌 broad gauge > 1435mm
俄羅斯1524mm 西班牙1668mm 愛爾蘭1600mm

標準軌 Standard gauge = 1435mm
美國 中國 美洲歐洲亞洲主要國家

窄軌 Narrow gauge < 1435mm
台灣 日本1067mm 泰國越南 1000mm

輕便鐵道 Light rail =< 1000mm or 914mm
1000mm 914mm 800mm 762mm 760mm
750mm 610mm 600mm 508mm 381mm
用於產業鐵道 山地路線 用地省 成本低 運量小

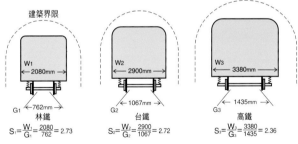

建築界限

$S_1 = \dfrac{W_1}{G_1} = \dfrac{2080}{762} = 2.73$　W1 2080mm　G1 762mm　林鐵

$S_2 = \dfrac{W_2}{G_2} = \dfrac{2900}{1067} = 2.72$　W2 2900mm　G2 1067mm　台鐵

$S_3 = \dfrac{W_3}{G_3} = \dfrac{3380}{1435} = 2.36$　W3 3380mm　G3 1435mm　高鐵

各種不同的軌距的「車寬/軌距比」與「斷面」大小分析圖

世界各國鐵路的輕便鐵道軌距種類表

	ft' in"	mm	使用國家
中度軌	3' 3.37"	1000	瑞士、中南半島、巴西、阿根廷、智利
	3'	914	宏都拉斯、瓜地馬拉、巴拿馬、祕魯（馬楚比丘）
兩呎軌	2' 7.5"	800	瑞士（少女峰WAB）英國（威爾斯 Snowdon Railway）
	2' 6"	762	台灣（阿里山鐵道、台糖）、日本（赤澤森林鐵道）
	2' 5.875"	760	奧地利、捷克、匈牙利、保加利亞
	2' 5.5"	750	東德（德勒斯登）、阿根廷（巴塔哥尼亞）
	2'	610	印度（大吉嶺鐵道）、南非、台灣（基隆煤礦）
迷你軌	1' 11.625"	600	英國（Welsh Highland Railway）
	1' 9.45"	545	台灣（烏來台車鐵道）
	1' 8"	508	台灣（多數礦業鐵道）
	1' 3"	381	英國（Bure Valley Railway），日本修善寺虹之鄉鐵道

切莫以訛傳訛　市井常見的十大錯誤

台灣俗稱的五分車，真的不是國際標準軌距的二分之一。

關於台灣的輕便鐵道，由於相關的資訊很少，加上台灣社會難免官大學問大，誤用與訛傳的狀況很多。例如像過去謠傳阿里山鐵路是世界三大登山鐵路之一，也是眾口鑠金之下，「積非成是」的訛傳。以下整理近幾年來，作者參與相關活動，包含媒體、政府與學術單位，經常發現誤用的名詞與說法，希望切莫再以訛傳訛，以正視聽。有關輕便鐵道，市井常見的十大錯誤如下：

1.五分車是國際標準軌距的二分之一？

台灣的輕便鐵道762mm軌距，誕生於1906年，所謂依照國際標準軌距1435mm的二分之一，所以稱之為「五分車」。雖然，這個說法在台灣由來已久，不論是在科學上或是歷史上都足以證實，這是個嚴重錯誤的說法。

就科學上來討論，762mm的軌距，是來自英國的兩英呎六英吋，不是日本人發明，而且762mm雙倍剛好是五英呎1524mm軌距，而不是1435mm軌距。不過，重點在於1524mm這個軌距是真實存在的，也就是俄羅斯沙皇寬軌，1842年所制定，普遍存在於前蘇聯、中亞與東歐地區（詳見世界鐵道與火車圖鑑）。熟悉鐵道科學的人都知道，日本人對於數字要求非常精細，絲毫必究，絕對沒有大約或差不多這種說法。

既然在日本歷史上找不到典故，有人推測可能是在日治時期，台灣祖先的觀察與比較，所以誕生五分車這個說法？其實更不可能。經過作者十幾年的研究與考證，在1945年以前的日治時期文獻，都找不到五分車這個名詞，只有在1970年代以後的台糖公報等刊物裡面被發現。就歷史上來討論，台灣最早的762mm台糖輕便鐵道，在日治時期公元1906年，已經出現在高雄橋頭糖廠原料線，但是台灣的標準軌1435mm鐵道，卻是在1997年3月於台北捷運淡水線通車，才正式出現在這塊土地上，更甭論2007年通車的台灣高鐵，與2008年通車的高雄捷運，幾乎是一個世紀以後的事了。台灣祖先在百年之前，不可能以此為軌道標準，因為俄羅斯不曾統治過台灣；更不可能回到未來，預知百年之後先做比較，而提早訂出五分的說法。

因此，五分車這個名詞，既不是日治時期開拓者所定義的，也不是祖先所比較得來的，而是在這幾十年之內，台灣人自己發明出來的，而且以訛傳訛。有些人士為了將數據合理化，又創造一套鄉土名辭，高鐵叫十分車，台鐵叫七分車，糖鐵叫五分車，礦鐵叫三分車，卻無科學依據。根據若干糖鐵前輩的口述，五分車是台灣光復後，台糖鐵路動力柴油化之初，火車速度最快只是三、四十公里，只有台鐵的七、八十公里的一半快，所謂火車「五分仔力」（台語）所演進而來。後來有人提到標準軌1435mm，他們覺得不太對，也不好意思說，如此訛傳至今。

2.台灣輕便鐵道 Light Railway 就是等於輕軌運輸 Light Rail Transit？

這是個國際觀不足所產生的名詞誤用問題。若干交通學者

輕便鐵道 Light Railway，並不完全等同於輕軌運輸 Light Rail Transit。俄羅斯聖彼得堡，寬軌版1524mm軌距的輕軌電車。

輕便鐵道可以重軌化與行駛大火車，德國的 Löβnitztalbahn 提升到每公尺50公斤，卻是750mm軌距。

輕便鐵道絕對可以電氣化，少女峰WAB登山鐵道，800mm軌距。

輕便鐵道可以電氣化或捷運化，日本的三岐鐵道北勢線，762mm軌距。

對台灣鐵道史不清楚，不知道日治時期的「輕便鐵道法」，誤以為輕便鐵道就是輕軌運輸，所以台灣的鄉村鐵道要先拓寬成標準軌，才可以蓋輕軌運輸的電車。如前所述，輕軌運輸屬於廣義的範圍，是軸重輕、運量小，跟台灣輕便鐵道的體系是兩回事。俄羅斯的聖彼得堡，有寬軌版1524mm軌距的輕軌電車，軌距剛好是台灣762mm輕便鐵道的兩倍寬，它是輕軌運輸的鐵道體系，但它並不是台灣的輕便鐵道。

3.輕便鐵道都是輕便軌條與小火車，無法重軌化提昇運能？

奧地利的 Zillertalbahn 是760mm軌距，德國的 Löβnitztalbahn 是750mm軌距，然而軌條都是提升到每公尺50公斤，與過去台鐵幹線的標準相同，都是重軌化的實例，德國 Löβnitztalbahn 的蒸汽火車，重量更高達53.9達公噸，比台鐵1067mm軌距的騰雲號16公噸還重很多。換言之，輕便鐵道是可以提升運輸規格的，速度與運量都可以提高，強化速度競爭力，這也是當前全球保存輕便鐵道的發展趨勢之一。

4.輕便鐵道無法電氣化或捷運化，故不具發展性？

在1980年代初期，台糖鐵路客運快速沒落，台灣正吹起捷運新風潮，當時如果政府考慮利用現有三千多公里的台糖鐵道路廊，去發展鄉鎮區域鐵路捷運系統，加上當時土地的廉價優勢，今天台灣的捷運發展，將會非常可觀，台糖會是台灣最大的地方鐵道公司。關鍵就在當時的官員認為，輕便鐵道無法電氣化或捷運化，不具發展性而放棄。

其實輕便鐵道可以電氣化或捷運化，例如日本的三岐鐵道北勢線，近畿鐵道內部線都是762mm軌距，奧地利的瑪莉恩吉勒線是760mm軌距。這些鐵路不但電氣化，而且收票的閘口完全票證自動化，都是電氣化與捷運化的極佳例子。少女峰登山鐵道的中段體系WAB是800mm軌距，不但是電氣化鐵路，而且是運量很大的齒軌鐵路。當時一個錯誤的觀念，使台灣的鐵道發展失之交臂，令人痛惜。

5.輕便鐵道操作很簡單，故不具科技文化價值？

輕便鐵道因為它的成本必須符合經濟性，所以在設計上必須能夠共用，具備彈性與多元，或許在電子科技不如高鐵與捷運的複雜，但是它的創意科技性更令人耳目一新。例如三軌線 Dual Gauge Rail，雙用連結器 Dual Mode Coupler，與氣壓驅動式轉轍器，幾乎都是在台糖鐵道體系，比較常見的複雜結構。因此，別認為台灣輕便鐵道就是操作很簡單，它的複雜結構所衍生的科技文化價值，往往是台灣鐵道史上的里程碑。

三軌線 Dual Gauge Rail 的轉轍器很複雜，誰說輕便鐵道不具科技文化價值？

奧地利的 Zillertalbahn，760mm軌距營運超過百年，長長的列車運輸效能龐大，誰說輕便鐵道只有拓寬軌距一途？

6.提升輕便鐵道的運輸效能，只有拓寬軌距一途？

這是一個以交通運輸功能為主體的思考方式。台灣今日的花東線來自1982年以前的762mm台東線鐵路；日本東北的釜石線，是來自以前762mm的岩手輕便鐵道；日本四國的予土線，是來自762mm的宇和島輕便鐵道，拓寬軌距同時重軌化，重點在於與幹線鐵道相連結成為路網，就有其必要性與實用性。如果它的本身具備高度的觀光價值，並不止是交通工具，拓寬軌距那就大有疑問了。奧地利的 Zillertalbahn，是以760mm軌距保存超過百年，而且深受歡迎，英國的保存鐵道有很多都是800mm以下的輕便鐵道，這些都是值得反省思考的例子。

捷克的鄉村鐵道柴油客車，今日以低底盤與現代化的車輛在營運，因此輕便鐵道被淘汰是政策問題，而非時代趨勢。

7.輕便鐵道缺乏運輸價值，被淘汰是時代趨勢？

假使在不拓寬軌距、而直接重軌化的前提下，台糖鐵道能不能將它發展成為捷運？前面已經討論過，不再贅述。在1981年，當時中山高速公路才剛通車，公路的襲捲效應十分明顯，只見其利未見其弊，連台鐵都受衝擊而連年虧損，更何況是位階更低的輕便鐵道。當時不知道都市交通擁擠會塞車，更不知地球暖化要節能減碳，最後還是留美學人的公路汽車主流論佔了上風，主張應全面廢除鄉村鐵路。輕便鐵道缺乏運輸價值，被淘汰是時代趨勢的偏見，最終成了定局。

三十多年過去，再檢討當時的運輸政策，可以發現只崇拜汽車主流論，實在很可惜。利用鄉村的輕便鐵道，去發展區

輕便或產業鐵道沒有保存價值的偏見，造成台灣鐵道文化的重大浩劫。圖為1982年，台糖最後的北港線客運。（古仁榮攝）

域鐵道運輸網，以東歐地區做得最徹底。例如捷克的鄉村鐵道柴油客車，火車只有兩軸而已，車廂是低底盤與現代化的車輛，路線情況比起台糖也好不到哪裡去，軌道長滿雜草，月台也很簡陋。從台鐵所廢除的支線、臨港線到台糖鐵道，當然可以發展成都會區的近郊型捷運，只是台灣無法突破偏見的格局。

8.輕便或產業鐵道沒有保存價值，應該被廢除改成公路或自行車道？

這是台灣產業鐵道遭到大量毀棄的最大元兇，原有的路廊轉移做其他功能，台糖鐵路是最大的犧牲者。1982年，台糖北港線客運就此停辦。阿里山森林鐵路的哆哆咖線不該拆除，花東線的東里段其實可以就地保存，但是卻都活生生地被放棄。嘉義的嘉油鐵馬道，源自日治時期的戰爭航空油品專用線，見證台灣在二次大戰期間奮鬥的故事，被拆除變成自行車道，就是非常可惜的例子。

直到2010年為止，聯合國教科文組織UNESCO登錄的全球鐵道世界文化遺產共有五條鐵路，除了奧地利薩瑪林鐵路是標準軌以外，其他幾條全部都是輕便鐵道與登山鐵道（詳見世界鐵道與火車圖鑑附錄）。我們只能說，遲來的正義實在是太晚，連UNESCO都肯定輕便鐵道與登山鐵道的保存價值，為何台灣不能有國際化的視野？

舊東線時代762mm軌距的速度，可以達到時速70-80公里，圖為東線光華號保存的柴油客車。

輕便鐵道不應該只是遊樂區鐵道，這種偏見造成台糖這類型改造車輛大量出現，原始的客車卻不見蹤影。

9.輕便鐵道的火車速度很慢，所以無法高速化？

這個問題在台灣，其實是一個很諷刺，也很敏感的話題。台鐵舊東線時代，762mm軌距光華號的速度，可以達到時速70-80公里。1970年代當時花蓮到台東的旅行時間已經接近三小時，比二十一世紀的今日1067mm軌距的花東線莒光，全程費時四小時要來得快。然而，極端諷刺的是，花東線鐵道莒光今天的表定速度，還比不上當年東線窄軌時代光華號的速度。阿里山鐵路中興號柴油客車的速度，在平地路段可達50-60公里，這是現在這一代所無法想像的。其實鐵路的路線標準夠好，行車速度就可以很快，關鍵在於列車的排點與運用，而不在於軌距的寬窄，窄軌的確對於行車速度不利，但並非毫無改善的空間。

有道是風水輪流轉，台灣當年762mm軌距車速一定不如1067mm軌距的偏見，後來也發生在高鐵席捲台鐵的衝擊上，變成1067mm軌距車速不如1435mm軌距。西方國家的鐵道文獻有一句話：Narrow rail gauge is not equal to narrow structure gauge，窄軌距並不等於窄小的路線建築標準，英國的火車是標準軌，可是車廂寬度普遍為2.9m，跟台鐵的火車一樣，台灣與日本的運輸幹線，雖然是1067mm軌距，但是坡度與曲線標準，比起英國的標準軌距毫不遜色，反而是印度、阿根廷、西班牙的寬軌距國度，鄉村鐵道的坡度與曲線標準不佳，行車速度限制在85公里以下，寬軌火車跑得比標準軌來得慢很多。

因此，窄軌的火車速度很慢，無法高速化，真的只是改建工程的藉口而已。日本東京窄軌山手線電車的運量，遠超過地下鐵標準軌丸之內線的運量；台鐵8輛編組的 EMU700 型的運量，是標準軌的3輛編組高雄捷運的兩倍以上，軌距寬度決定速度的迷思，歐洲與日本鐵道都能破除這種偏見，台灣為何不能呢？

10.輕便鐵道只是遊樂區鐵道？

這不但是很嚴重的偏見與誤解，也是扼殺今日台灣輕便鐵道存續與否的瓶頸。日治時期的輕便鐵道，相當於當時政府鼓勵民間產業創業的民用鐵路法，但是今日交通部的民用鐵路法，竟直接為高鐵而量身訂做，軌距為標準軌距1435mm，捨棄了最廣泛的1067mm、762mm以下的軌距體系。今日台灣的輕便鐵道，除了阿里山森林鐵路還殘存運輸功能，其他的體系無法回到交通運輸的位階。因為安全考量，所以台糖輕便鐵道發展觀光，經營審核送件只能用遊樂區鐵道，時速15公里以下才能方便過關。甚至只能用原始的蔗箱車，去改造所謂的蹦蹦車，這種偏見造成台糖這類型改造車輛的大量出現，原始的台糖客車卻不見蹤影。

輕便鐵道不應該只是遊樂區鐵道，台灣何時才能修正民用鐵路法，讓輕便鐵道得到應有的地位，鐵道文化保存才有真正的生存空間。

糖林鹽工礦東　台灣的輕便鐵道體系

台灣的糖業鐵道，為762mm軌距。

　　雖然，國際上所認定的輕便鐵道，泛指軌距小於914mm的窄軌鐵道，但是在台灣普遍以762mm軌距為最多，該種輕便鐵道最早誕生於1906年，糖鐵與林鐵的時間都很接近。1901年台灣製糖株式會社橋仔頭第一工廠，也就是高雄橋頭糖廠成立，1905年日本的山本悌二郎等技師，從昔日布哇（今夏威夷）考察回國，認為當時殖民地的2英呎6英吋，762mm的鐵道十分適合甘蔗採集，隔年1906年開始在橋頭地區鋪設原料線，不過當時還是用水牛去牽引，或以人力去推動而已。

　　另外一方面，1903年河合鈰太郎負責阿里山鐵路選線工作，1904年完成規劃，河合的報告書裡面即提到山區路線半徑小，以窄軌為優先，最後由後藤新平定奪762mm軌距送國會審查。1906年7月9日，藤田組的嘉義施工所，阿里山鐵路正式開工，762mm的鐵道開始鋪設於嘉義到北門間，1907年2月完工通車，這是台灣最早有輕便鐵道蒸汽機車運行的紀錄，不過只是施工路線，客貨運尚未開始。同時1907年2月，台灣製糖株式會社獲得總督府的許可，開始全面興建原料線，9月15日蒸汽機車開始試運行，同年11月起製糖期開始正式運行，高雄橋仔頭糖廠的原料線，寫下台灣輕便鐵道正式營運的歷史紀錄。相較於後來1910年日本輕便鐵道法的頒布，台灣762mm鐵道實際出現的時間還更早。日治時期輕便鐵道鋪設軌條的重量，也以每公尺12-15公斤居多，台灣光復之後少數體系還提升至18-22公斤，尤其台糖的南北線和阿里山鐵路，皆是每公尺22公斤的最高規格，台灣輕

台灣的森林鐵道，為762mm軌距。

台灣的鹽業鐵道，為762mm軌距。

台灣若干的工程與產業鐵道，不少存在是1067mm軌距，圖為日治時期台灣拓殖株式會社的B1蒸汽機車。（古仁榮 攝）

台灣的遊樂區鐵道，九族文化村，也是沿用傳統的610mm軌距。

台灣的舊東線鐵道，也是762mm軌距。

同樣是762mm軌距，糖鐵的機車可以牽引阿里山鐵路的客車，發揮輕便鐵道彼此聯運的功能。

台灣的礦業鐵道，基本上以508mm軌距居大多數。

便鐵道比起日本實在毫不遜色。

　經歷百年之後，糖鐵、林鐵、鹽鐵是台灣的三大產業用鐵道，加上極少數的工鐵與礦鐵，以及窄軌的舊東線使用762mm軌距，「糖林鹽工礦東」，成為台灣六大輕便鐵道體系，不過今日若干遊樂區鐵道，也使用762mm軌距。除了主要的762mm軌距，彼此系統可以聯運以外，台灣若干的工程與產業鐵道，包含台糖在內，有不少1067mm軌距的鐵路與台鐵銜接。此外，台灣還有2英呎610mm軌距以下的礦業與台車鐵道，例如610mm的五堵基隆煤礦，545mm的烏來台車，1英呎8英吋為主的508mm礦業鐵道，以及495mm路網的台車鐵道與新平溪煤礦等等，就有五種軌距之多，造就台灣這個輕便鐵道王國。

　除此之外，台灣曾經存在一些神秘的港區鐵道，包含基隆港、澎湖馬公港，發現台灣鐵道史上也有3英呎寬的鐵道，這種914mm軌距的鐵道在台灣，屬於稀有的軌距，本書在工事用鐵道單元再行說明。如果加上高鐵1435mm與台鐵1067mm，更高達有八種軌距之多，軌距繽紛多元，也是台灣鐵道文化不朽的一項紀錄啊！

台灣鐵道體系的軌距種類　簡要整理

1435mm 標準軌距
大眾捷運　　since 1997　　　　高鐵　　　　since 2007

1067mm 窄軌軌距
台鐵主要路網　台糖與其他產業鐵道連接　　since 1887

914mm 稀有軌距　基隆港區專用　　　　　since 1921

762mm 輕便軌距　　　　　　　　　　　since 1906
糖業鐵道　溪湖 虎尾 新營 橋頭等糖廠
林業鐵道　阿里山 太平山 八仙山等林鐵
鹽業鐵道　布袋 七股
工程用鐵道　嘉南大圳 新高港
礦業用鐵道　金瓜石
舊東線鐵道　1982年以前花蓮至台東
遊樂區鐵道　六福村等

610mm 五堵基隆煤礦　埔里、玉井糖廠

545mm 烏來台車

508mm 礦業鐵道

495mm 台車鐵道　新平溪煤礦

烏來的台車鐵道，為特殊的545mm軌距。

產業鐵道的聯結　輕便鐵道的特殊功能

台糖的蒸汽火車牽引阿里山鐵路的客車，糖鐵林鐵聯運，運作自如。昔日展示於大林糖廠。

如前面所述，糖鐵、林鐵、鹽鐵、工鐵、礦鐵、窄軌的舊東線，「糖林鹽工礦東」成就台灣六大輕便鐵道體系。鐵道車輛為了能夠相互連結，所以有連結器 Coupler 的發明。雖然連結器的種類繁多，但是用途大同小異，只是這些產業鐵道的連結，是在同一個軌道運輸系統裡面，所以規格必須統一。不過最大的重點，在於日治時期定下完善的法規制度，不但是軌距相同，而且連結器的高度一致，所以糖鐵、林鐵、鹽鐵、工鐵、東線的車輛可以連接，充分發揮鐵道聯運的功能，糖鐵拉鹽鐵的車廂，毫不稀奇。由此可見當年開拓者的創意與巧思。不過1945年戰後，連結器的高度缺乏統一，開始有所變化，但是，只要設計多層的連結面，輕便鐵道的連結也不會有問題，因此，經常可以在糖鐵、鹽鐵與礦鐵，見到這樣的車輛。

輕便鐵道的連結器，由於速度與承受噸數都有所限制，而且轉彎半徑小，所以比較常用的型式，是俗稱梢及環的連結器 Link and Pin Coupler。基本上，連結的端面有個緩衝器，透過一個緩衝面，當機車加速時則拉開緩衝面，減速時則撞擊緩衝面；連結器還有一個插梢，插梢拔開連結器立即解鎖，所以拆掛車輛時，必須以手動的方式解鏈與掛鏈，優點是構造簡單，缺點是拆解不便。如果不經常拆解，對於車輛的運行，仍有極佳的緩衝與連結效果。此類插梢型緩衝連結器普遍運用於全球的輕便鐵道，包含台糖鐵路、阿里山鐵路、林業鐵道體系，台鐵舊東線都屬於此類。儘管如此，台

糖鐵的連結器，當機車加速時則拉開緩衝面。

糖鐵的連結器，當機車減速時則撞擊緩衝面。

台糖德馬A的柴油機車，隔著一台甘蔗車，牽引相同軌距的東線油罐車。軌距相同762mm，連結器的高度都一致，這是日治時期所制定的輕便鐵道規格。

台灣鹽鐵的連結器，多層次的連結面，以適應不同的車廂高度。

台灣的糖鐵運用在日立型機車，插梢型緩衝連結器 Link and Pin Coupler，插梢可以不必親自下車拔開，而是透過氣動開關拉開。

阿里山森林鐵路的連結器。緩衝面又圓又大，插梢也較粗，更加入了角旋塞與氣韌管，以輸送壓縮空氣自動煞車。

台鐵舊東線的連結器，像是張開的鱷魚嘴巴，緩衝面不大，而且密合度高。

台灣礦業鐵道的連結器，也有三層的連結面。

羅東森林鐵路的連結器，雖然也是插梢型緩衝連結器，不過構造相對簡單很多。

台糖與台鐵不同軌距的連結車，雙用連結器 Dual Mode Coupler。

透過這種雙用連結器，可以讓762mm軌距和1067mm軌距聯運。

灣的糖鐵在部份的日立型機車，則是改裝透過氣動開關拉開插梢，司機可以不必親自下車，就可以拔開插梢。

因此，台灣輕便鐵道的插梢型連結器，還是各有其運輸系統的差異。例如台鐵舊東線的連結器，像是張開的鱷魚嘴巴，緩衝面不大，而且設計成平面，因為路線比較直，密合度高，車輛規格也比較統一。而阿里山森林鐵路的連結器，雖然也是使用插梢型緩衝連結器，但是因為曲線半徑小，列車轉彎幅度大，因此緩衝面設地又圓又大；同時因為路線坡度大，牽引力要加強，所以插梢直徑也比較粗，更加入了角旋塞與氣軔管，以輸送壓縮空氣可自動煞車。2006年起阿里山鐵路還加入電氣聯控體系，這種運用在電聯車與柴聯車的聯控技術，讓阿里山森林鐵路，成為台灣輕便鐵道中最具科技性的體系。然而，同樣是林鐵體系，羅東森林鐵路的連結器，雖然也是插梢型緩衝連結器，不過構造卻相對簡單很多。

此外，台灣的輕便鐵道最特殊的連結，就是雙用連結器 Dual Mode Coupler。因為台糖有1067mm軌距與台鐵聯運的路線，同時台糖本身卻是以762mm軌距為主的路網，因此有不少的三軌線 Dual Gauge Rail 存在。包含溪湖到員林、虎尾到斗南、新營到岸內，三條與縱貫線垂直的橫向聯絡線，還有各大糖廠與台鐵車站的聯絡線，都是屬於1067mm＋762mm的三軌線。因此，當1067mm軌距的火車要拉762mm軌距的車輛，或762mm軌距的火車要拉1067mm軌距的車輛，非得用到它不可！

台灣產業鐵道的聯結，真是台灣鐵道文化精采的一頁。

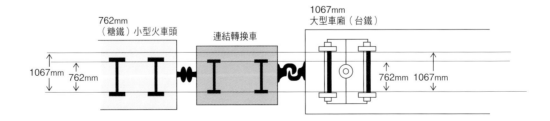

台糖762mm軌距和1067mm軌距聯運，連結車的「連結轉換」原理圖。

超乎想像的複雜　輕便鐵道的軌道設施

台灣輕便鐵道的三軌線設施，台糖762mm軌距和台鐵1067mm軌距聯運，超乎想像的複雜。

台灣三軌線的轉轍器，從三線分岔出兩條三線的軌道。

台灣三軌線的轉轍器，從三線分岔出一條三線，一條兩線的軌道。

台灣糖鐵曾經有過三岔轉轍器，在新營糖廠，可惜已經遭到拆除。

台灣糖鐵的連續兩個菱形交叉，目前在烏樹林糖廠繼續使用。

　　過去兩百多年來，輕便鐵道舖設的優勢，是因為它的成本比較經濟，所以鐵道的舖設比較簡陋。不過，輕便鐵道在機械設計上必須能夠共用，具備彈性與多元，才能發揮它的效能。因此，許多輕便鐵道的設施，產生超乎想像的複雜，它的創意更令人耳目一新。所以，別認為輕便鐵道就是操作很簡單，它的複雜結構產生的創意文化，更是台灣鐵道史上的重大里程碑。

　　例如前一單元所述，台糖鐵路銜接台鐵的雙用連結器 Dual Mode Coupler，就是在輕便鐵道比較常見的複雜結構。此外，輕便鐵道多半是產業鐵道，不論是糖鐵或林鐵，都有軌道的地磅設備，而台糖具有可以拉動蔗箱車的自動輸送系統，不

瑞士800mm軌距的輕便鐵道轉轍器，軌道中間還有齒軌的裝置。

輕便鐵道多半是產業鐵道，不論是糖鐵或林鐵，都有軌道的地磅設備。

為了減少枕木的需求，台糖自製塊狀的水泥（洋灰）枕木 Sleeper。

拉動蔗箱車的自動輸送系統，不必靠火車頭拉動，就可以推送車廂到傾卸台，進入生產線。

台灣糖鐵也有轉車台，目前在溪湖糖廠繼續使用。

昔日東德的木造貨車，1435mm軌距承載於750mm的轉換載具上。

奧地利的760mm輕便鐵道，讓奧地利的標準軌的木材貨車，得以經由760mm的「承載平台」，行駛於窄軌的路線上。

「承載平台」的上方用以承受貨車，平台外緣是1435mm標準軌，平台下方內側的車輪用於軌道上行走，則為760mm軌距。

透過承載平台，東歐750mm的窄軌小火車，可以牽引1435mm的標準軌貨車。

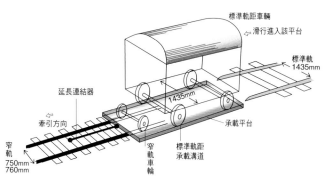

歐洲的窄軌距和標準軌距聯運的「承載平台」原理圖。

必靠機車頭拉動，就可以推送車廂到傾卸台，進入生產線，這套設施更是除了台糖鐵道之外絕無僅有。此外，又例如自製塊狀的水泥（洋灰）枕塊，三軌線 Dual Gauge Rail、連續兩個菱形交叉、連續兩個十字交叉、三岔轉轍器，這些台鐵很少、而高鐵則完全不見蹤影的奇特東西，卻是台灣輕便鐵道體系的重要元素，實在不可忽略了它。

在台灣以外，在瑞士800mm軌距WAB的輕便鐵道，轉轍器軌道中間還有齒軌的裝置，並不因為軌距小而構造簡化，反而因為軌距小而設計難度加大，更應該受到保護。而歐洲的窄軌距和標準軌距聯運的「承載平台」，更是堪稱世界輕便鐵道的一絕。歐洲為了能夠讓1435mm標準軌距的火車，可

以進入760mm或750mm軌距的鐵道，因此設計了「轉換載具」，讓1435mm軌距的車輛滑入車廂的軌道，自然承載於750mm的承載平台上。承載平台的上方用以承受貨車，平台外緣是1435mm標準軌，平台下方內側的車輪用於軌道上行走，則為760mm或750mm軌距，以利行走。

由於轉換載具這樣的彈性設計，使得東歐地區對於鄉村輕便鐵道的保存，有更好的理由，相對地要求拓寬軌距的壓力，得以減小。但是，亞洲國家則沒有這樣的東西，事實上也不適用於1067mm軌距，無形中也讓台灣與日本的輕便鐵道，必須面對變更軌距、以求生存的壓力。

輕便鐵道的掙扎　變更軌距　以求生存

台鐵的舊東線拓寬軌距為1067mm，新購的機車DHL101，牽引762mm軌距拓寬而來的客車，奔馳於拓寬軌距後的花蓮港臨港線。

　　日本東北盛岡附近，從花卷到釜石的釜石線鐵路，是源自以前762mm的岩手輕便鐵道；而四國的予土線，是源自762mm的宇和島輕便鐵道。如今釜石線鐵路知名的眼鏡橋，前方尚有762mm軌距時代，岩手輕便鐵道所殘存的橋墩，花卷站還保存762mm軌距時代的馬面電車。沒錯，日本從1916年到1950年，將全國762mm軌距的窄軌國鐵線，包含1條官設路線，以及12條私鐵線收購變成的國鐵線，拓寬軌距同時重軌化，全部改軌成1067mm的交通路網。今日台灣的花東線，來自1982年以前的762mm舊東線鐵路，從此花東線連接北迴線與宜蘭線，台東的火車可以直達台北，與幹線鐵道相連結成為全國交通路網，有其必要性與實用性。變更軌距以求生存，無可否認的，這是具有時代意義的建設，與不得不然的改變。

　　然而，從這個角度去思考，日治時期台灣若干的產業鐵道，當時不採用762mm軌距是幸運的。在大正年間，集集線是蓋電廠的產業鐵道，平溪線是開採煤礦的產業鐵道，它們都選對了軌距1067mm，使得後來被台灣總督府鐵道部收購，後來成為今日鐵路網的一部分。昭和年間以後，日本是以1067mm鐵道作為國鐵發展的主體，762mm軌距的鐵道地位，也大幅度滑落；1936年台灣有2,400餘公里的台糖鐵路網，只能寄生在產業鐵道底下，當這些產業結束或逐漸衰退，輕便鐵道的也跟著沒落。二次大戰之後，762mm軌距鐵道的衰退不言可喻，例如阿里山鐵路長達72公里，它的長度

台鐵舊東線的DR2053客車，顏色已經恢復『黃皮仔』舊塗裝。因為拓寬軌距為1067mm，今日才有生存運行的空間。

舊東線的LTPB1813柴油客車，維持762mm軌距，只能擺在博物館靜態陳列。

日本宇和島站外，還保留一部昔日予土線762mm軌距的蒸汽火車。

日本四國的予土線的柴油客車，1067mm軌距。

今日已經拓寬軌距的釜石線鐵路，知名的眼鏡橋，前方尚有762mm軌距的時代，岩手輕便鐵道所殘存的橋墩。

日本四國的予土線後段，乃是762mm軌距的宇和島鐵道，所加寬成1067mm軌距而來。

昔日岩手輕便鐵道，所用762mm軌距的馬面電車，保存於花卷站。

與規模都超越集集線與平溪線，但是昭和年間，總督府收購地方鐵道時，762mm軌距被排除在外，即使設計規模龐大，卻註定了它後來坎坷的命運。

不止是路線如此，車輛亦復如此，當台鐵的舊東線拓寬軌距為1067mm，當年762mm拓寬1067mm軌距的 DR2050 型客車、DR2000 型柴油客車，以及 DH200 型柴液機車，還能繼續奔馳台鐵的路線，延續其生存運行的空間；而昔日舊東線的 LTPB1813 柴油客車與 LDH101 柴液機車，維持762mm軌距，卻只能擺在苗栗鐵道文物館靜態陳列。還有一個很特殊的例子，日治時期澎湖海軍軍港的專用蒸汽機車，原始為610mm軌距，台灣光復之後，轉手至侯硐瑞三煤礦使用，被拓寬軌距為1067mm，延續其生命，還保存一部於台中的民俗公園。這也是變更軌距以求生存的實例。

如今台灣的輕便鐵道不止是面臨軌距要變，車輛要變，科技的壓力成為一股洪流，逼迫一切都要改變。例如台鐵要復駛的 LDK59，必須加裝排障器與空氣軔機等裝備，雖然老火車復駛獲得新生，卻已經與原貌大不相同，失去了原味，這是求生不得不變的妥協之道。

還有，台灣百年來使用路牌的方式辦理閉塞，台鐵幾乎已經全面淘汰，只餘極少數支線和阿里山鐵路還在使用，只不過未來不知道還能撐住多久？我想，只有文化資產的新視野，才是抵擋盲目科技崇拜的唯一解藥吧。

阿里山鐵路尚使用交接路牌的方式辦理閉塞。

糖業鐵道篇

軌距 1067mm 762mm 610mm

半世紀的甜蜜時光　台灣的糖業鐵道
琳瑯滿目　台灣糖業鐵道的車輛概述
撫今憶昔　昔日台糖蒸汽火車頭何處尋
物換星移　台灣糖業鐵道最後的運行時光
轉型求生　台糖小火車的觀光鐵道新世紀
國外特輯　前瞻與思考

台糖烏樹林的蒸汽火車370號，2001年首開台糖動態保存的先河。

半世紀的甜蜜時光　台灣的糖業鐵道

氣笛一聲，劃過田野的寂靜，台糖鐵道已經逐步轉型為觀光鐵道。

昔日製糖的採收季節，軌道隨鋪隨用，以人力運作，採收結束立即收起。(台灣製糖株式會社史)

　　台灣的製糖產業，可追溯至四百多年前的荷蘭西班牙時代，民間就有簡單的糖廍工廠，但是卻尚未工業化。直到1901年台灣第一座現代化機械式製糖工廠，台灣製糖株式會社高雄橋仔頭糖廠成立，改變了台灣製糖業的歷史。而糖鐵的起緣，有兩個不同的版本，一說是1905年日本的山本外三技師，從布哇考察回國，另一說是日本製糖所所長山本悌二郎，從夏威夷的茅夷島考察回國，認為當時歐洲用於殖民地的2英呎6英吋，762mm的鐵道十分適合用甘蔗採集。1906年，橋仔頭糖廠開始鋪設762mm軌距鐵道，不過是水牛牽引或人力推行的台車鐵道。1907年2月，台灣製糖株式會社橋仔頭第一工廠，獲得總督府的許可，開始全面興建原料線，同年11月起製糖期，高雄橋仔頭糖廠的蒸汽機車開始正式運

隨著產量增加，軌道路線開始固定，獸力與機械動力逐步加入，蒸汽機車成為糖業生產的新寵兒。(台灣製糖株式會社史)

昔日的灣裡製糖所，也就是今日的善化糖廠，是台糖經歷百年之後，現有的二座壓榨甘蔗的糖廠之一。

虎尾總廠是是台糖2010年，現有的二座壓榨甘蔗的糖廠之一。

行。1909年5月20日，從「新營至岸內」第一條客貨運營業線開始服務，寫下台灣輕便鐵道正式營運的歷史紀錄。

從此以後台灣的糖業鐵道，如雨後春筍一般展開，主要包含有台灣製糖鐵道、明治製糖鐵道、大日本製糖鐵道、塩水港製糖鐵道、帝国製糖鐵道、新興製糖鐵道七家製糖會社，總長度逼近三千公里。1945年台灣光復，國民政府合併日治時代之所有製糖會社，1946年台糖公司正式成立。依據政府統計，在1945年台灣光復之初，全台各家糖廠的線路762mm軌距總長為2964.6公里，其中專用線長2337.5公里，營業線為627.1公里(包含610mm軌距的台車線99.2公里)。後來1950年起又修築南北線，全長275公里，糖業鐵道里程突破三千公里大關。如果再加上林務局三大林業鐵道、台東線鐵路等體系，台灣的輕便鐵道全盛時期，保守估計三千六百多公里，綽綽有餘，而糖業鐵路是台灣最大的輕便鐵道體系，竟佔了有八成之多。

台糖除了運送甘蔗的原料與成品之外，台糖鐵道的客運，

台糖保存有很多建築古蹟，圖為麻豆的總爺糖廠紅樓。

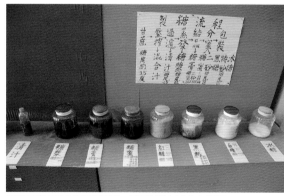

製糖流程從壓榨甘蔗所得的清汁，到提煉精糖冰糖的產品過程。

台灣37座主要的製糖工廠區域分類表

三大總廠	虎尾 新營 屏東
中北台灣	台北/萬華 潭子 新竹 苗栗 竹南 月眉 台中 烏日
雲彰投地區	虎尾 溪洲 彰化 溪湖 龍岩 斗六 北港 南投 埔里
嘉義地區	大林 蒜頭 南靖
台南地區	新營 烏樹林 岸內 佳里 麻豆/總爺 永康 善化 玉井 仁德
高屏地區	高雄/橋頭 小港 旗山 南州 恆春 屏東
東台灣	花蓮/光復 台東

高雄橋頭糖廠是台灣第一座製糖工廠。

曾經是台灣最重要的鄉村運輸路網。全盛時期，台糖擁有為數可觀的客運營業線共41條，總長度高達675公里，每日搭乘人數最高6萬人次，創造出台灣五分車的客運文化，成為台灣農業社會鄉村交通的主要動脈。從台糖現有的鐵道機車編號與分類總覽表可知，台糖的車最多，路最長，放眼台灣，無對手可以相比。然而好景不常，隨著台灣鄉鎮道路的發展，以及小汽車的普及，糖業鐵路急速衰退。在缺乏文化保存政策之下，1970年代蒸汽機車大量淘汰，1980年代逐步完成動力柴油化，然而在1982年8月17日，從嘉義至北港的客運「嘉義線」停駛，台灣糖業鐵路的客運，也正式畫下了休止符。

今日台灣三十七座製糖工廠的現況

曾經台糖有三大總廠虎尾、新營、屏東，目前三大總廠也僅存虎尾一座。而且為了因應台灣加入WTO世界貿易組織對糖業的衝擊，自2002年起，經濟部原則決定台糖製糖工廠，留下虎尾、善化、南靖、南州等四座製糖廠。不過，2003年南州糖廠開始停壓，2008年南靖糖廠也陸續跟進，2010年善化糖廠與虎尾糖廠，為台灣糖業公司，最後僅存的二座壓榨甘蔗製糖廠。但是以鐵道輸送甘蔗的原料線，目前僅餘虎尾糖廠馬公厝線一條而已。

今日台灣糖業鐵道的現況

目前，台糖共分為量販、生物科技、精緻農業、畜殖、商品行銷、油品、休閒遊憩、砂糖等八大事業部，台糖自1990年代開始發展多角化經營，以販售冰品最廣為人知。然而糖業鐵道已經相對沒落，鐵道運甘蔗與製糖的流程，成為被遺忘的甜蜜歷史。不過，近年來台糖嘗試轉型向觀光鐵道發展，台糖烏樹林首開先河，2001年12月370號蒸汽火車復駛，牽引觀光列車，並且規劃鐵道博物館的車輛展示。而溪湖糖廠346號蒸汽機車，於2007年12月復活，燒煤的原味蒸汽火車，不再是夢想。全台灣觀光糖廠有溪湖、蒜頭、新營、烏樹林、橋頭等等，皆開行觀光五分車，創造台灣糖業鐵道的新世紀。

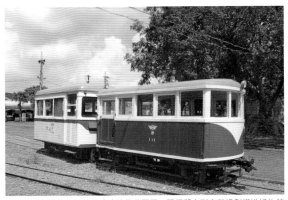

烏樹林是台糖第一個發展成功的休憩園區，開行觀光列車與規劃鐵道博物館的車輛展示。這是昔日的道班車。

台糖自1990年代開始發展多角化經營，以販售冰品最廣為人知。

溪湖糖廠346號蒸汽機車於2007年底復活，燒煤的原味蒸汽火車不再是夢想。

台糖現有的鐵道機車編號與分類總覽

機車編號	軌距	軸配置	車輛種類	購入年代	原購入或保存數目	2010年保存數目
10-11	1067mm	0-6-0	蒸汽機車	1927、1943	（不詳）	2
11-14	1067mm	0-6-0	大日立	1969	4	4
15-17			內燃機車DL	1981	3	3
18	1067mm	0-6-0	北晟重機			
			內燃機車DL	1983	1	1
20-39	762mm	0-4-0	日治時期內燃機車	（1952統計）	12	0
40-54	762mm	0-6-0	順風牌內燃機車DL	1948	15	12
55-66	762mm	0-6-0	FWD內燃機車DL	1952	12	1
67-86	762mm	0-6-0	GMC內燃機車DL	1954	10	1
101-166	762mm	0-6-0	德馬B內燃機車DL	1977	66	66
167-191	762mm	0-6-0	德馬A內燃機車DL	1979	25	25
200-499	762mm	0-6-0	tank蒸汽機車SL	（1952統計）	185	40
500-599	762mm	0-6-2	tank蒸汽機車SL	（1952統計）	48	5
600-649	762mm	0-6-0	tender蒸汽機車SL	（1952統計）	12	1
650-699	762mm	0-6-2	tender蒸汽機車SL	（1952統計）	1	1
700-750	762mm	0-8-0	tank蒸汽機車SL	（1952統計）	27	1
801-845	762mm	0-6-0	日立牌內燃機車DL	1967	45	54
846-848				1968	3	
849-854				1969	6	
901-950	762mm	0-6-0	溪州牌內燃機車DL	1956	50	46
951-954	762mm	0-6-0	金馬牌內燃機車DL	1960	4	4
955	762mm	0-6-0	SCHÖMA內燃機車	1960	1	0

※套色部分代表1970年代起，台糖停用蒸汽機車全面柴油化時，新購車的編號直接覆蓋舊有蒸汽機車範圍，以避免編號超出955造成進位上千的困擾。

昔日台糖的蒸汽機車運行的風光，1945年台灣光復之後，以比利時製的蒸汽機車數目進口最多。(蘇昭旭 畫)

日本車輛製造的台糖蒸汽機車533，牽引甘蔗車行駛於台灣鄉村的美麗風景。(蘇昭旭 畫)

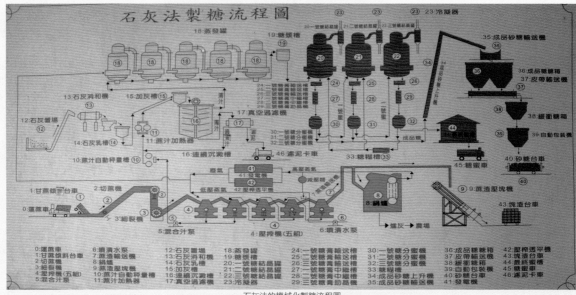

石灰法的機械化製糖流程圖

1.透過原料線經由火車的輸送，將甘蔗原料送進製糖工廠。

2.糖廠內的鐵道有一套自動車輛推進裝置，將蔗箱車推送到傾卸台。

3.蔗箱車被推送到傾卸台，已經倒完甘蔗。

4.上方的拉鉤打開側門，下方的傾卸台將蔗箱車放倒，甘蔗原料被倒出來。

5.甘蔗沿著輸送帶送往切蔗機切碎,再經過甘蔗細裂機將甘蔗切碎,以利榨汁。

6.甘蔗被輾碎,蔗渣沿著輸送帶運輸,成為副產品的流程。

7.這是蔗糖加入石灰之後的蒸煮鍋爐,得到清汁進入蒸發罐的情形。

8.這五個是蔗汁加熱器,以取得清汁。

9.粗糖漿的錘度會顯示出來,以控管生產品質。

10.粗糖漿經過結晶罐,開始產生砂糖。然而這種砂糖只是紅糖(二砂),必須另外處理,才能產生高級潔淨的特砂與冰糖。

11.這是半自動分蜜機,以取得成品砂糖。

12.砂糖做成糖包成品,利用鐵道或卡車輸送出去。

13.經過蔗渣壓塊機,蔗渣也被做成塊狀裝運上台車,還可以做為造紙等其他用途,十分環保。

台糖與台鐵聯運的1067mm軌距車輛

1067mm
gauge

台糖1067mm軌距的蒸汽機車,虎尾糖廠的11號。

虎尾糖廠的11號蒸汽機車的正面,下方762mm軌距的小型連結器
已經拆除。

一般人總以為糖鐵都是762mm軌距的蒸汽機車,其實糖鐵必須跟主要幹線鐵道,也就是(戰前台灣總督府鐵道部)台鐵1067mm軌距鐵道聯運,因此也必須自備的1067mm軌距蒸汽機車。這類火車它的輪徑大,裝有空氣軔機系統,採用自動連結器與糖鐵連結器。因此,可以行駛1067mm+762mm軌距的三線區間,並且牽引台鐵的貨車,是與台鐵聯運的關鍵動力車輛。

目前1067mm軌距的老火車,戰前糖鐵所遺留的都已經退役,甚至有些是台灣總督府鐵道部的二手淘汰車,目前只保存10、11號兩部蒸汽機車,如今基本上為大日立柴油機車所取代。此外,昔日台糖有P20M總重36噸中型糖蜜罐車,與P30MT總重48噸大型糖蜜罐車共兩款,都是屬於1067mm軌距,以前在新營糖廠經常可以見到。而今日花蓮光復糖廠的1067mm軌距台糖貨車,是台灣總督府鐵道部在日治初期的貨車,戰後被淘汰而撥交至此地使用,這也是因為台糖與台鐵聯運的體系,意外地讓這一批國寶貨車被保留了下來。

台糖有 P20MT 36噸中型,與 P30MT 48噸大型共兩款糖蜜罐車,是屬於1067mm軌距,本圖為 P20MT 36噸中型糖蜜罐車。

花蓮光復糖廠的台糖貨車，是台灣總督府鐵道部在日治初期的貨車。

台糖大日立柴油機車的台鐵連結器，注意所在位置前方為三軌路線。

除了下方762mm軌距的連結器，上方還有1067mm軌距的自動連結器。

右邊是台糖的三軌線區間的連結器轉換車，連結762mm軌距的車輛。

台糖的三軌路線 Dual Gauge Rail 轉轍器，762mm / 1067mm軌距共用，今日多數已經停用或故障。(南州糖廠)

日治時期的台灣糖業蒸汽機車

610mm
762mm
1067mm
gauge

這是1930年代日本車輛製造，0-6-2型蒸汽機車，蒜頭糖廠的533號。(古仁榮攝)

台糖現有的鐵道機車編號與分類總覽

機車編號	軌距	軸配置型式	水箱種類	1952年統計數目	2010年保存數目
1-4	610mm	0-6-0	tank SL	2	0
5	1067mm	2-4-0	tank SL	1	0
6-15	1067mm	0-6-0(2-6-2)	tank SL	10	2
16-19	1067mm	0-8-0	tank SL	1	0
20-39	762mm	0-4-0	內燃機車	12	不列入統計
40-99	762mm	0-6-0	內燃機車	37	不列入統計
100-129	762mm	0-4-0	tank SL	17	0
130-169	762mm	0-4-2	tank SL	29	0
170-189	762mm	0-4-4	tank SL	6	0
200-499※	762mm	0-6-0	tank SL	185	40
500-599	762mm	0-6-2	tank SL	48	5
600-649	762mm	0-6-0	tender SL	12	1
650-699	762mm	0-6-2	tender SL	1	1
700-750	762mm	0-8-0	tank SL	27	1

◎網底部份為優先淘汰的蒸汽機車，其原始編號也被新購的柴油機車所覆蓋。
※編號200-499範圍為台糖保存最大宗的蒸汽機車，這40部還可細分成比利時、日本車輛、台灣機械、其他廠家製造共四類，容後於下一單元中再加以說明。

這款1920年代德國Koppel製造的0-6-2型蒸汽機車，曾經流行一時。(台灣製糖株式會社史)

日治時期的台灣糖業蒸汽機車

日治時期的台灣糖業鐵道，以蒸汽火車為主要動力，它的編號為各家製糖廠所自訂，由於彼此路線往來較少，機車重覆號碼並無傷大雅。在台灣光復之後，各家製糖廠合併為一家台糖公司，車輛屬於營業的資產，編號必須加以統一。由於1948年政府大量購於比利時製蒸汽機車，以及順風牌內燃機車，有加入新車編號的必要，於是在1952年政府請台糖公司重新編號整理，建立第一套台灣戰後的台糖蒸汽機車規則與資產清冊。今日許多糖鐵的研究，幾乎都必須參考這本資產清冊的內容，成為最重要的戰後糖鐵文獻。

基本上依據該文獻，當時台糖鐵路的蒸汽機車，從1號編排到750號的範圍。由於極少數鐵道如埔里糖廠等地，還有610mm軌距的鐵路，因此1-4號將這個範圍納入，當時的蒸汽火車今日也不可考。而與台鐵銜接的1067mm軌距鐵路，多數使用台灣總督府鐵道部的二手淘汰車，由於規格較多，也難以統一，從5-19號就是屬於這個範圍，還好至2010年還有保存2部下來。(如P.38頁所示)

接下來這個空間，就留給762mm軌距的內燃機車。在日治時期，有一批早年的0-4-0日本車輛製作的內燃機車，編號20-39號的範圍，屬於二手車；後面編號40-99號的範圍，就是戰後所購入的順風牌、FWD、GMC的內燃機車，這批火車如今2010年還有保存14部，不過非蒸汽機車，所以不列入統計。(統計表如P.46頁所示)

其次在100-199號這個空間裡面，當時就留給762mm軌距，兩動輪的tank蒸汽機車，包含0-4-0，0-4-2，0-4-4三種，不過終究這類的火車，其噸數較小，牽引力不足，所以優先遭到淘汰，後來1977年起為德馬內燃機車的編號直接覆蓋。這個範圍，包含美國H.K. Porter製造馬鞍型蒸汽機車，美國Baldwin 製造的0-4-2型蒸汽機車，今日台灣糖業鐵道並無保存，同類型火車保存於赤澤森林鐵道。不過有一部日本車輛製造，0-4-0（0-4-2）型的蒸汽機車，可能就是今日被放在烏山頭水庫的這一部，但是缺乏絕對證據不列入統計。

緊接著編號200-499範圍，為台糖保存最大宗的0-6-0型tank蒸汽機車，這大類還可細分成比利時、日本車輛、台灣機械、其他廠家製造共四類，在當時政府大量購入比利時製蒸汽機車之後，共有185部之多（如P.39-42頁所示）。而編號500-599範圍，為台糖的0-6-2型tank蒸汽機車，數目就比較少，1952年尚有48部，也可分成德國與日本、其他廠家製造兩類（如P.43-44頁所示）。

後續編號600-649範圍，為台糖的0-6-0型有煤水車的tender蒸汽機車。編號650-699範圍，為台糖的0-6-2型有煤水車的tender蒸汽機車。編號700-750範圍，為台糖的0-8-0型的tank蒸汽機車。很巧合的是以上這三類，今日剛好三類，都只剩下1部蒸汽機車（如P.44-45頁所示）。不過統計數目，奇特與錯誤編號者，日本本江機械的C-24，因為屬於0-6-0，歸類到200-499，日本雨宮製作所的604號，雖然屬於tank SL，依然原始歸類為600-649不變。

台灣蒸汽機車車號在日治時期由各家糖廠自訂。（蘇昭旭畫）

下圖：德國 Henschel 製造，最大的 0-8-0 型 Tank 蒸汽機車721號。（古仁榮攝）

下圖：日本車輛製造，0-4-0 型製糖的蒸汽機車，很可能就是今日被放在烏山頭水庫的這一部，但是暫時不列入統計中。

日本車輛製造，附有煤水車大型的蒸汽機車608號。（古仁榮攝）

日本車輛製造 0-6-0 ，日本井笠鐵道的這一類型蒸汽機車，台灣糖業鐵道也曾經使用過。

美國 Baldwin 製造的 0-4-2 型蒸汽機車，台灣糖業鐵道也曾經使用過，今日並無保存。該部火車保存於赤澤森林鐵道。

台灣糖業鐵道的蒸汽機車

1067mm gauge
762mm

日治時期的台灣糖蒸汽火車，它的編號為各家製糖廠所自訂，並未統一，但是在台灣光復之後，1952年重新編號整理，數目雖然很多，卻不失其規則性。

如前一單元統計所述，台糖蒸汽機車全球的保存數目共有50部，依照現今所保存的體系，可以分成以下八大類。

台糖1067mm的蒸汽機車共有2部，直接歸為第一類，如本頁所示。而台糖762mm的蒸汽機車共有48部，依照其保存車輛的類別，可以後續分成以下七大類，包含1.比利時、2.日本車輛、3.台灣機械、4.其他廠家製造 0-6-0 型蒸汽機車，以及5.德國與日本製造、6.其他廠家的 0-6-2 型蒸汽機車，7.日本車輛製造 0-8-0 型蒸汽機車。如本單元後續7頁所示。當時糖鐵為了零組件的通用性，其實會仿製現有的車輛，以減低成本。例如德國Koppel製造的527、532的兩部蒸汽機車，性能優越，後來日本車輛加以仿製，因此535、538號是仿製版的蒸汽機車，但是從細節上仍可以觀察其差異。

就保存的狀況來說，50部僅有4部是屬於動態保存，其餘46部蒸汽機車，是屬於靜態保存的體系。其中比較特別的是357號蒸汽機車，該火車為日本的吉野實先生所贈，由社團法人台灣糖業文化協會負擔運費，於2005年7月5日送返台灣，並於7月16日於大林糖廠舉行返鄉儀式。只不過後來大林糖廠並未珍惜保存，只好送到黃嘉益先生的家裡，這部火車的鍋爐上可以生火冒煙，但是車輪行走部並未整修，因此未能運行，算是一半的動態保存。就保存體系來說，357號與650號曾經旅居日本，後來日本有條件被送回給台灣，台灣卻都違反當初動態復駛的承諾，實在有違誠信原則，希望能夠很快見到它們動態保存復駛。

1.台糖1067mm軌距的大型蒸汽機車

台糖1067mm的蒸汽機車共有2部，分別是10號與11號蒸汽機車。10號於1984年4月台糖贈雲林縣政府，保存於新竹市古奇峰育樂園，為鄭再傳先生所有，另外一部11號蒸汽機車，則保存於虎尾糖廠同心園。

這些台糖1067mm的蒸汽機車，輪徑大，裝有空氣軔機系統，採用自動連結器，與台鐵規格相同。因此，可以行駛台鐵1067mm軌距的路線，並且牽引台鐵的貨車，是台鐵聯運的動力機車。

這是台糖1067mm軌距的蒸汽機車，輪徑大，裝有空氣軔機系統，採用自動連結器，與台鐵規格相同。

這是台糖762mm軌距的蒸汽機車，輪徑小，沒有空氣軔機系統。

車號	型式	軌距(mm)	噸數	年份	製造者	原配屬	放置地點
10	0-6-0 tank	1067	19.81	1943	日本車輛, 日本	虎尾糖廠	新竹市古奇峰育樂園
11	0-6-0 tank	1067	16.76	1927	若津工場, 日本	虎尾糖廠	虎尾糖廠同心園

（資料來源：蘇奕肇街貓網站）

2.比利時所製造 0-6-0 型蒸汽機車

戰後1948年比利時製造的蒸汽機車，佔今日保存最大比例，編號從345至370完全連號保存，共有26部蒸汽機車，共有 TUBIZE 廠與 AFB 廠兩種，包含今日復駛的烏樹林370號與溪湖糖廠的346號皆屬之。

比利時 TUBIZE 廠的製造銘板。

比利時 AFB 廠的製造銘板。

戰後1948年比利時製造的蒸汽機車，佔今日保存最大比例，烏樹林370號。

車號	型式	軌距(mm)	噸數	年份	製造者	原配屬	放置地點
345	0-6-0 tank	762	12.50	1948	AFB, 比利時	蒜頭糖廠	台鐵二水站北側 (1984.03 蒜頭糖廠提供)
346	0-6-0 tank	762	12.50	1948	AFB, 比利時	溪湖糖廠	溪洲糖廠→溪湖糖廠復活行駛
347	0-6-0 tank	762	12.50	1948	AFB, 比利時	溪湖糖廠	日本山形縣西村山郡河北町中央谷地公園 (動態保存)
348	0-6-0 tank	762	12.50	1948	AFB, 比利時	斗六糖廠	麻豆糖廠
349	0-6-0 tank	762	12.50	1948	AFB, 比利時	岸內糖廠	佳里糖廠
350	0-6-0 tank	762	12.50	1948	AFB, 比利時	岸內糖廠	烏樹林糖廠車站→新營鐵道文化園區 (2005.03.23)
351	0-6-0 tank	762	12.50	1948	AFB, 比利時	岸內糖廠	彰化縣永靖高工校園 (1986.02岸內糖廠提供)
352	0-6-0 tank	762	12.50	1948	TUBIZE, 比利時	旗山糖廠	南州糖廠
353	0-6-0 tank	762	12.50	1948	TUBIZE, 比利時	旗山糖廠	高雄糖廠
354	0-6-0 tank	762	12.50	1948	TUBIZE, 比利時	南州糖廠	旗山糖廠
355	0-6-0 tank	762	12.50	1948	TUBIZE, 比利時	南州糖廠	小港糖廠→遊憩事業部高雄休閒園區內精農站 (2009.03.16)
356	0-6-0 tank	762	12.50	1948	TUBIZE, 比利時	蒜頭糖廠	林口度假村, 號牌已消失
357	0-6-0 tank	762	12.50	1948	TUBIZE, 比利時	蒜頭糖廠	日本吉野實先生收藏→大林糖廠→黃嘉益先生宅
358	0-6-0 tank	762	12.50	1948	TUBIZE, 比利時	蒜頭糖廠	日本大分縣中津市万田500-1汽車ポッポ食堂
359	0-6-0 tank	762	12.50	1948	TUBIZE, 比利時	旗山糖廠	屏東糖廠
360	0-6-0 tank	762	12.50	1948	TUBIZE, 比利時	蒜頭糖廠	日本靜岡縣裾野市今里62-5「日本庭園鐵道」
361	0-6-0 tank	762	12.50	1948	TUBIZE, 比利時	旗山糖廠	楠梓區台糖花卉農園中心→高雄糖廠 (2006.04)
362	0-6-0 tank	762	12.50	1948	AFB, 比利時	蒜頭糖廠	日本長野縣南佐久郡南牧村野邊山 SL LAND (動態保存)
363	0-6-0 tank	762	12.50	1948	AFB, 比利時	蒜頭糖廠	日本千葉縣松戶市橫須賀, 吉野實先生收藏
364	0-6-0 tank	762	12.50	1948	TUBIZE, 比利時	溪湖糖廠	南投糖廠→溪湖糖廠
365	0-6-0 tank	762	12.50	1948	TUBIZE, 比利時	虎尾糖廠	善化糖廠
366	0-6-0 tank	762	12.50	1948	TUBIZE, 比利時	北港糖廠	花蓮糖廠
367	0-6-0 tank	762	12.50	1948	TUBIZE, 比利時	岸內糖廠	台北市兒童交通博物館→民雄鄉松田崗休閒農場→淡水緣道觀音廟 (2010)
368	0-6-0 tank	762	12.50	1948	TUBIZE, 比利時	大林糖廠	蒜頭糖廠
369	0-6-0 tank	762	12.50	1948	TUBIZE, 比利時	北港糖廠	仁德 (車路墘) 糖廠→月眉糖廠 (2009.11.10)
370	0-6-0 tank	762	12.50	1948	TUBIZE, 比利時	岸內糖廠	烏樹林糖廠車站復活行駛

（資料來源：蘇奕肇街貓網站）

3.日本車輛製造 0-6-0 型蒸汽機車

這一批日本車輛製造的 0-6-0 型蒸汽機車，除了一部274號屬於早年期製造的以外，其他7部都是300至344之間的編號，現今保存者322、326、329、331、332、335、339號七部，共有8部蒸汽機車。這批火車具有優良的傳統，製造年從1920-1937年不等，蒸汽包上面有日本車輛的「車」字，駕駛室有圓窗為其特徵，從水櫃下方到駕駛室，更拉出一個優美的弧線。其中虎尾糖廠的322號最為特別，是以FWD內燃機車之動力改裝而成。另外一部保存於虎尾糖廠332號，則是恢復成日治時期的原有塗裝。

保存於虎尾糖廠332號，恢復成日治時期的原有塗裝。今日移至虎尾驛。

台鐵苗栗鐵道公園的331號。從水櫃下方到駕駛室，更拉出一個優美的弧線。

蒸汽包有「車」字，駕駛室的圓窗為其特徵。

車號	型式	軌距(mm)	噸數	年份	製造者	原配屬	放置地點
274	0-6-0 tank	762	12.10	1920	日本車輛,日本	月眉糖廠	月眉糖廠
322	0-6-0 tank	762	12.80	1923	日本車輛,日本	斗六糖廠	虎尾糖廠
326	0-6-0 tank	762	12.80	1940	日本車輛,日本	虎尾糖廠	月眉糖廠→溪湖糖廠(2008.10)
329	0-6-0 tank	762	12.80	1934	日本車輛,日本	北港糖廠	北港糖廠
331	0-6-0 tank	762	12.80	1935	日本車輛,日本	虎尾糖廠	台鐵苗栗鐵道公園 (1999.01 虎尾總廠)
332	0-6-0 tank	762	12.80	1937	日本車輛,日本	虎尾糖廠	斗六糖廠→虎尾驛站 (2010.12)
335	0-6-0 tank	762	12.80	1937	日本車輛,日本	大林糖廠	台東縣池上牧野休閒中心 (1999.03)
339	0-6-0 tank	762	12.80	1934	日本車輛,日本	虎尾糖廠	斗六市雲林縣立文化局

（資料來源：蘇奕肇街貓網站）

4. 台灣機械製造 0-6-0 型蒸汽機車

在台灣光復以後，台灣機械公司曾經為台灣的輕便鐵道體系，製作過一批蒸汽機車，除了台糖公司以外，還有遠在台灣東部的羅東林鐵。台灣機械公司製造的蒸汽機車，今日保存者包含374、375、376、382號，共有4部蒸汽機車。這批火車其體型類似日本車輛，但是實際體積比較大，駕駛室與水櫃分離為其主要特徵。而在這批車輛當中，台灣機械公司製造的382號，它的蒸汽包與砂箱合一，成為流線型結構，這是台糖蒸汽機車保存唯一的一部，十分地珍貴。

台灣機械公司製造的382號，它的蒸汽包與砂箱合一，成為流線型結構，這是台糖蒸汽機車保存唯一的一部。

台灣機械公司製造的375號，駕駛室與水箱分離為其特徵，保存於台南縣麻豆鎮代天府。

以上三類蒸汽機車，包含比利時、日本車輛、台灣機械公司這三個廠家，就佔了現今台糖保存762mm軌距蒸汽機車中48部的38部，佔了絕大多數，可謂是最具代表性的台糖火車。未來台糖若要復駛蒸汽機車，其實比利時的蒸汽機車已經有兩部復活，具有優良傳統的日本車輛公司，與年輕本土製造世代的台灣機械公司，應列為動態復駛的最大重點。

台灣機械製造的蒸汽機車結構，駕駛室與水箱分離為其特徵。

車號	型式	軌距(mm)	噸數	年份	製造者	原配屬	放置地點
374	0-6-0 tank	762	12.52	1958	台灣機械公司	北港糖廠	桃園縣八德市聯合後勤學校育勤營區運輸分部
375	0-6-0 tank	762	12.52	1958	台灣機械公司	斗六糖廠	台南縣麻豆鎮代天府
376	0-6-0 tank	762	12.52	1958	台灣機械公司	岸內糖廠	金氏世界紀錄博物館倉庫中
382	0-6-0 tank	762	12.52	1958	台灣機械公司	岸內糖廠	大林糖廠→新營糖廠中興車站

（資料來源：蘇奕肇街貓網站）

5.其他廠家製造 0-6-0 型蒸汽機車

其他廠家製造的 0-6-0 型蒸汽機車，包含台灣鐵工所317號，以及日本雨宮製作所的604號，日本本江機械的 C-24號。都是僅存唯一的一型，一共有3部蒸汽機車。不過，604號依據原始的編號規則是有 Tender 水櫃車的，但是如今卻沒有看到水櫃車，因此暫時被歸為 0-6-0 tank 這一類。以上四類創造了台糖保存最大宗，0-6-0 tank 的蒸汽機車王國，原有38部加上稀有族群的台灣鐵工所317號、日本本江機械的 C-24 號2部，一共有40部之多。

日本雨宮製作所的604號。

日本本江機械的 C-24。斜背式水櫃的出現，這樣的設計雖然會讓水櫃體積略為減少，卻大幅度改善駕駛前方的瞭望視野。

在這個0-6-0 型蒸汽機車的族群中，有一個特徵，其製造廠都不是大量生產製造的大廠，益增其珍貴性。其二是斜背式水櫃的出現，這樣的設計雖然會讓水櫃體積略為減少，卻大幅度改善駕駛前方的瞭望視野，日本本江機械的C-24號與雨宮製作所的604號，都有這樣的設計。而編號規則的錯亂（C-24），與後期各家糖廠任意更改編號（604），同時也出現在這兩部火車的身上。

高雄大社觀音山莊，僅存的台灣鐵工所317號。

車號	型式	軌距(mm)	噸數	年份	製造者	原配屬	放置地點
317	0-6-0 tank	762	10	1942	台灣鐵工所	北港糖廠	高雄縣大社鄉觀音山綠野山莊
604	0-6-0 tank	762	10.04	1920	雨宮，日本	岸內糖廠	埔里糖廠→溪湖糖廠 (2008.08)
C-24	0-6-0 tank	762	12.70	1938	本江，日本	岸內糖廠	南靖糖廠（唯一未照數字編號的蒸汽火車）

（資料來源：蘇奕肇街貓網站）

6.德國與日本製造的0-6-2型蒸汽機車

德國Koppel製造的527號、532號兩部，與日本車輛製造535號、538號，是台糖非常珍貴的0-6-2型蒸汽機車，共有4部蒸汽機車。在第一次世界大戰後，由於德國是戰敗國必須賠款，使得在1920年代的貨幣貶值，這也是德國Koppel蒸汽機車，大量向海外輸出的年代，包含台灣與日本都有。由於Koppel蒸汽機車兼具速度與牽引力，但是到1930年代的貨幣優勢消失，日本車輛開始加以仿製。不過德國的火車砂箱為方形，日本的火車砂箱為圓形，仍可觀察出其差異。

目前532號和527號，都是運用於台灣溪湖糖廠，1984年一起被送到日本，台灣本島目前只剩一部538號蒸汽機車，保存於台南市台灣糖業博物館。

日本車輛製造的0-6-2蒸汽機車533號模型。(林松雄師傅製作)

德國Koppel製造的532號蒸汽機車，北海道丸瀨布森林公園。

日本車輛製造的0-6-2蒸汽機車533號。(古仁榮攝)

保存於台南市台灣糖業博物館，0-6-2蒸汽機車538號。

車號	型式	軌距(mm)	噸數	年份	製造者	原配屬	放置地點
527	0-6-2 tank	762	-	1922	Koppel, 德國	溪湖糖廠	日本埼玉縣西武園遊園地レストラン ポッポ
532	0-6-2 tank	762	-	1928	Koppel, 德國	溪湖糖廠	日本北海道丸瀨布森林公園
535	0-6-2 tank	762	-	1936	日本車輛, 日本	蒜頭糖廠	日本兵庫縣高砂市阿彌陀町レストラン サンフローラ
538	0-6-2 tank	762	12.00	1938	日本車輛, 日本	南靖糖廠	台南市台灣糖業博物館

（資料來源：蘇奕肇街貓網站）

7.其他廠家製造的 0-6-2 型蒸汽機車

　　至於其他廠家製造的 0-6-2 型蒸汽機車，實在是相對稀少很多，今日僅保存兩部。一部是台灣鐵工所製造的蒸汽機車543號，體型比317號相對大很多。另外一部是德國Koppel製造，但是加上水櫃改造車的650號，一共有兩部蒸汽機車。後面這部火車650號曾經送到日本，後來送返回台灣而聲名大噪，如今仍然默默在等待復駛。此外，昔日美國美國H.K. Porter製造的0-6-2 型馬鞍型蒸汽機車，是台糖創業時期的老火車，經常在糖業的老照片中出現，如今已經消失。

台糖蒸汽機車543號，是台灣鐵工所製造0-6-2型唯一的一部。

德國 Koppel 製造，加上水櫃改造車的650號蒸汽機車。

昔日美國美國 H.K. Porter 製造的0-6-2馬鞍型蒸汽機車516號，如今已經消失。（杉行夫攝）

動輪配置為 0-6-2，在台糖並不多見，尤其是尾隨輪。

車號	型式	軌距(mm)	噸數	年份	製造者	原配屬	放置地點
543	0-6-2 tank	762	11.72	1941	台灣鐵工所	溪湖糖廠	台北縣新莊市中正路384號　台灣盲人重建院
650	0-6-2 tank	762	-	1928	Koppel, 德國	高雄糖廠	日本→蒜頭糖廠→嘉義縣朴子市火車頭公園 (2009.01)

（資料來源：蘇奕肇街貓網站）

8.日本車輛製造 0-8-0 型蒸汽機車

　　台糖0-8-0 型蒸汽機車，就類似東線的LDK50型。其實自日治時期以來，數目就非常地稀少，因為糖業鐵路的路線標準普遍不佳，轉彎半徑受到很大的限制，除非是特定的幹線運輸，需要較大的牽引力，否則不會使用這類機車。

　　過去比較有跡可查者，德國Koppel製造的0-8-0 型蒸汽機車717號，還使用Allan愛蘭式汽門，與騰雲號構造相同，以及德國Henschel製造的台糖702號蒸汽機車，如今都已經消失。現在僅只留下一部724號蒸汽機車，日本川崎重工製造，保存於台南市台灣糖業博物館。

德國 Koppel 製造的 0-8-0 型蒸汽機車717號，使用 Allan 愛蘭式汽門與騰雲號構造相同，如今已經消失。(杉行夫攝)

台糖 0-8-0 型蒸汽機車，目前僅保存一部724號，於台南市台灣糖業博物館。

台糖720號 0-8-0 型蒸汽機車，如今已經消失。(古仁榮攝)

很可能是德國 Henschel 製造的台糖702號蒸汽機車，如今已經消失。(古仁榮攝)

車號	型式	軌距(mm)	噸數	年份	製造者	原配屬	放置地點
724	0-8-0 tank	762	14.50	1925	川崎, 日本	麻豆糖廠	台南市台灣糖業博物館

(資料來源：蘇奕肇街貓網站)

台灣糖業鐵道的內燃機車

台灣糖業最早的內燃機車（Gasoline/ Diesel Locomotive），從日治時期就已經存在，這批車輛多數為汽油機車，共有12部。不過在1952年，台灣糖業公司在因應新購內燃機車加入，而重整編號時，當時被編為20-31號，如今已經消失，而且歷史相片多已經不可考。1945年台灣光復以後，1948年台糖自美國購入15部順風牌內燃機車，編為40-54號，今日還保存有12部之多，但是已經全數停用。成為戰後台糖動力柴油化的始祖。

在過去台灣農業經濟，物力維艱的時代，鐵路事業能夠自製車輛，是一件非常光榮的事，可以減少外匯支出，富裕國家經濟。1952年誕生的FWD機車，編為55-66號，與1954年誕生的GMC機車，編為67-86號，就是屬於這個時代的產物。最重要的是當時還是蒸汽機車的年代，所以預留了55-100號的空間，給自製的內燃機車去發展。但是隨著國家經濟發展，不再需要卡車引擎的改裝機車，這個系列也只做到86號為止，成為台糖兩款稀有的自製內燃機車。

真正對台灣戰後的糖業鐵道，發揮重大經濟影響力的，應是四大類的糖業機車，依進口時間順序為日立牌（編號801-854）、溪州牌（編號901-950）、

金馬牌（編號951-954），德馬牌（編號101-191）。其中最值得玩味的，就是德馬牌的編號，因為從1977年以後，台糖已經逐漸邁入動力柴油化的時代，當時蒸汽機車主要為比利時款還在使用，101-199號早已經淘汰，所以由德馬牌直接覆蓋舊有編號。而德國SCHÖMA是燃料試驗車，只有955一部而已。

此外，為了因應1067mm軌距路線的動力升級，蒸汽機車淘汰，台糖也購入所謂的大日立機車與北晟重機，編號11-18，直接覆蓋舊有蒸汽機車編號。

直到2010年為止，台灣糖業鐵道的內燃機車，762mm軌距者，共有順風牌、FWD、GMC、德馬牌、日立牌、溪州牌、金馬牌、SCHÖMA八個種類，總數高達217部，創造台灣規模最大的輕便鐵道內燃機車族群。而順風牌、德馬牌、日立牌、溪州牌、金馬牌，則是台糖柴油機車的五大代表品牌，目前仍在使用者，則以德馬牌與日立牌兩種柴油機車為主。

台糖現有的內燃機車編號與分類總覽

機車編號	軌距	軸配置	車輛種類	購入年代	原購入或保存數目	2010年保存數目
11-14	1067mm	0-6-0	大日立	1969	4	4
15-17			內燃機車DL	1981	3	3
18	1067mm	0-6-0	北晟重機	1983	1	1
			內燃機車DL			
20-31	762mm	0-4-0	日治時期內燃機車	—	12	0
40-54	762mm	0-6-0	順風牌內燃機車DL	1948	15	12
55-66	762mm	0-6-0	FWD內燃機車DL	1952	12	1
67-86	762mm	0-6-0	GMC內燃機車DL	1954	10	1
101-166	762mm	0-6-0	德馬B內燃機車DL	1977	66	66
167-191	762mm	0-6-0	德馬A內燃機車DL	1979	25	25
801-845	762mm	0-6-0	日立牌內燃機車DL	1967	45	54
846-848				1968	3	
849-854				1969	6	
901-950	762mm	0-6-0	溪州牌內燃機車DL	1956	50	46
951-954	762mm	0-6-0	金馬牌內燃機車DL	1960	4	4
955	762mm	0-6-0	SCHÖMA內燃機車	1960	1	0

1. 順風牌內燃機車

順風牌內燃機車，堪稱是台灣戰後糖業鐵道柴油化的鼻祖，1948年向美國Plymouth購置15輛，編號40-54號，美國Fate-Root-Heath廠製造，進口的時間與比利時蒸汽機車不相上下，是屬於戰後初期的經濟援助產品。順風牌機車原裝配Hercules汽油引擎，馬力163HP，曾以酒精為代用燃料。直到1966年起由台糖農業工程處，改為美製Allis-Chalmers柴油引擎，馬力增加為185HP，也是順風牌延續其壽命的關鍵。

在光復初期，台糖的軌重大小不一，小者僅每公尺8-9公斤，大者每公尺22公斤（南北線），當時需要「軸重」很輕的機車，順風牌機車堪稱是當時簡陋輕便鐵道背景下的產物，重量僅僅15.6公噸，小巧的內燃機車給人的感覺，就是長得很可愛。如今它的外型也經過若干改造，動輪直徑僅610mm，三動輪的機構，速度雖慢，但是牽引力與過彎能力都不差呢！

機車名稱：順風牌	機車長度：5,208mm
軌　　距：762mm	機車寬度：2,070mm
購入年代：1948年	機車高度：2,760mm
購入數目：15輛	機車重量：15.6公噸
製造廠家：美國 Plymouth	機車馬力：改造後185HP
動輪直徑：610mm	

順風牌的銘板，台糖農業工程處承製。

順風牌機車的駕駛室一端。

烏樹林保存的順風牌機車46號。

做為台中中港路麥當勞，維他露號列車的順風牌機車。

新營糖廠的順風牌機車54號，駕駛室一端窗戶有上下層，有明顯不同。

順風牌機車的動輪機構。

2. 溪州牌內燃機車

台糖的「溪州牌」Brookville機車，是台糖戰後第二代柴油機車，從1956至1957年間，向美國Brookville購置50輛之汽油機車，數目遠超過順風牌的15輛機車，是戰後台糖動力柴油化數目最多的一批。溪州牌機車原採用International Harvester汽油引擎，標準馬力120HP。本來的設計是以天然氣(Natural Gas)為燃料，曾經改以台糖自產的酒精作為為燃料。最後於1975至1978年間，由屏東農工處，以後來日立牌柴油機車的外型為範本進行改造，並改裝為美製Allis-Chalmers柴油引擎，最大馬力230HP。

溪州牌機車的車號與銘板。

台糖的溪州牌機車，橋頭糖廠曾經作為觀光列車運行。

永康國小保存的永康糖廠946號機車。

有人說取名溪州牌，與當年台糖溪洲總廠有關，如今已不可考。它的編號901-950號，主要還是因為台糖在1950年代，蒸汽機車預留編號到900號，所以新購的內燃機車，直接從901號開始。在晚年除役之前，2004年還曾經在橋頭糖廠的觀光路線行駛過，如今還保留一推一拉的編組，展示於橋頭糖廠呢！

機車名稱：溪州牌
軌　　距：762mm
購入年代：1956年
購入數目：50輛
製造廠家：美國 Brookville
動輪直徑：610mm

機車長度：5,070mm
機車寬度：2,100mm
機車高度：30,000mm
機車重量：15.6公噸
機車馬力：改造後230HP

溪州牌機車曾經被大幅度改造過，烏樹林保存的934號機車。

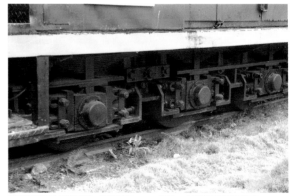

溪州牌機車的動輪機構，動輪直徑610mm相同，十分接近順風牌機車。

3. 金馬牌內燃機車

　　金馬牌是台糖柴油機車中數目最稀少的，共計4輛，編號接續溪州牌之後，為951-954號，1960年自美國進口，全部配屬於烏樹林，為東山石灰石運輸線專用機車。製造廠為美國SKAGIT STEEL IRON & WORKS, (Sedro Woolley, Washington)。原採用Waukesha汽油引擎，1979年改裝為Allis-Chalmers柴油引擎。金馬牌機車不只是數量最少，也是進口當時最有力的柴油機車，堪稱台糖鐵道史上不朽的「金馬」傳奇。

　　由於東山石灰石運輸線，坡度大帶有登山鐵道的特質，而石灰石重量又重，這使得這一批機車在設計上超級有力。不必改裝，一進口就是230HP，時速16公里之下，牽引力高達9000公斤，這樣的性能紀錄，幾乎讓它所向無敵。不過，從1967年以後，台糖大量地引進新一代日立牌機車，金馬牌機車的風光，就逐步黯淡下來，而且由於速度慢，耗油多，後續也不再進口，如今保存地以烏樹林居多。2010年已經將954號修復，未來將牽引觀光列車。

金馬牌機車的車號與銘板，美國製造。

金馬牌是台糖柴油機車中數目最稀少的，第一部951號保存於烏樹林。

金馬牌953號保存於南靖糖廠。

金馬牌952號保存於烏樹林。

金馬牌機車因為動輪大，而使車身顯得特別高，與台糖其他機車不同。

機車名稱：金馬牌	
軌　　距：762mm	機車寬度：2,165mm
購入年代：1960年	機車高度：3,050mm
購入數目：4輛	機車重量：16公噸
製造廠家：美國 SKAGIT	機車馬力：230HP
機車長度：5,090mm	最高時速：32.9 km/hr
	牽引力：9,000 kg/16km/hr

4. 日立牌內燃機車

　　日立牌機車是台糖頗具傳奇性的柴油機車，堪稱是台糖大幅度動力柴油化，並淘汰蒸汽機車的關鍵性車種。從1967年開始陸續引進，前後三批共引進有54輛之多，在德馬機車尚未登陸之前，它不只是數目稱霸台灣糖鐵的王者，共計54輛，速度幾乎可達35公里，更是速度最快的機車。從它的編號即可發現，不在954之後，而是往前到801-854，因為當時台糖蒸汽機車實際編號到750號附近，台糖不再引進蒸汽機車，所以日立牌的機車直接使用這個801-899的空間。

日立牌機車的車號與銘板，日本製造。

溪湖糖廠是日立牌機車的大本營，這是花博會塗裝的日立牌機車。

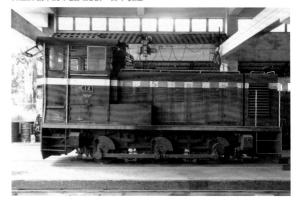
台糖特殊用途，1067mm軌距的大日立牌機車，新營糖廠。

藍色版本的日立牌機車，762mm軌距，溪湖糖廠。

　　日立牌機車共有762mm與1067mm兩種，動輪皆有連桿是其主要特徵。前者762mm軌距，引擎為三菱DH24L柴油引擎，馬力為200HP，最高時速33.5公里。而後者1067mm軌距，俗稱大日立牌機車共計7輛，標準馬力464.7HP，最大馬力515HP，最高時速32.9公里，以連接台鐵的1067mm軌距路線。目前日立牌只餘762mm版本仍在使用，而溪湖糖廠是日立牌機車的大本營呢！

塗裝整理得煥然一新，仁德糖廠的日立牌機車。

機車名稱：	日立牌	大日立牌
軌　　距：	762mm	1067mm
購入年代：	1967(801~845)	1969(11~14)
	1968(846~848)	1981(15~17)
	1969(849~854)	
購入數目：	54輛	7輛
製造廠家：	日本日立製作所	日本日立製作所
動輪直徑：	770mm	910mm
機車長度：	5,540mm	7,680mm
機車寬度：	2,200mm	2,600mm
機車高度：	3,000mm	3,500mm
機車重量：	16公噸	28.5公噸
機車馬力：	200HP	515HP
最高時速：	33.5 km/hr	32.9 km/hr
牽 引 力：	2,250 kg/16km/hr	9,000 kg/16km/hr

5. 德馬牌內燃機車

　　德馬牌DIEMA A型是台糖正式淘汰蒸汽機車的關鍵推手，德馬牌的編號，因為台糖101-199號蒸汽機車早已經淘汰，所以由德馬牌機車，直接覆蓋舊有編號101-191號，從1977年到1979年陸續引進，基本上可以分成兩種。DIEMA B型101-166號，採用德國製Mercedes-Benz OM403V柴油引擎，DIEMA A型167-191號，採用美國製Allis-Chalmers柴油引擎，馬力可以升級到247HP，最高時速40公里。兩者的外觀明顯可以分辨，德馬牌A型機車的風缸不外露，連結器固定一個高度；德馬牌B型機車的風缸是外露的，連結器為彈性多層。

機車名稱	德馬牌 B型	德馬牌 A型
軌　　距	762mm	762mm
購入年代	1977年	1979年
購入數目	66輛	25輛
製造廠家	德國 Diepholzer Maschinenfabrik	
使用引擎	德製 Mercedes-Benz	美製 Allis-Chalmers
機車長度	5,540mm	同左
機車寬度	2,230mm	同左
機車高度	2,950mm	同左
機車重量	16.5公噸	同左
機車馬力	247HP	同左
最高時速	40 km/hr	同左

德馬牌B型機車的風缸是外露的，四個引擎檢修蓋比較方正。

德馬牌A型機車的風缸不外露，駕駛室前後的瞭望窗有遮陽板，引擎上方有一個圓餅型進氣口。

德馬牌B型機車於蒜頭糖廠觀光路線運行。

德馬牌B型機車(左)，德馬牌A型機車(右)，連結器可以對照比較。

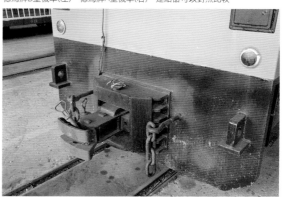

德馬牌B型機車連結器為彈性多層，可依照牽引車廂而調整高低。

德馬牌A型機車連結器只有固定一個高度。

6. 其他種類內燃機車

　　除了以上五大品牌以外，台糖還有些許其他種類的內燃機
車。首推1974年斗六糖廠，以FWD內燃機車之動力，直接改
造1923年日本車輛製造的322號，首開台灣蒸汽機車變身內
燃機車之先例，這部上半身是內燃機車，下半身仍維持蒸汽
機車的動輪與連桿，非常地特別，見證了昔日台灣對於內燃
機車，需求若渴的程度。今日編號仍維持蒸汽機車的322
號，該車為虎尾糖廠所保存。

　　此外，台糖還有FWD與GMC兩款稀有內燃機車。FWD機車
於1952年，由台糖農工處屏東工作站，以美製FWD卡車之
Waukesha S7型汽油引擎裝配，編號55-66，共計12輛；注意
FWD並非廠牌，而是四輪驅動Four Wheel Drive型式之縮寫。
FWD曾改裝德製Büssing柴油引擎；最後使用是三菱6DC20A
型200HP柴油引擎，目前只保存一部GMC 65號在虎尾糖廠。

　　而台糖農工處於1954年，以美軍GMC CCKW 2 1/2頓載重
車汽油引擎，自製GMC內燃機車10輛，編號67-86，目前僅
保存1輛於月眉糖廠，編號不詳，其餘均已解體。FWD與
GMC都是物力維艱時代，卡車引擎的改裝機車。

　　最後一款稀有內燃機車，也是台糖柴油機車編號最後一部
955號，德國SCHÖMA (Christoph Schöttler Maschinenfabrik
GmbH) 1960年製造，這部機車為多種燃料測試車，原配屬
屏東糖廠，後調至新營糖廠後旋即拆解。此外，新營糖廠也
有以甘蔗車體，直接加裝柴油引擎的拼裝型機車。

台糖農工處屏東工作站所自製的FWD機車65號，保存在虎尾糖廠。

虎尾糖廠以前尚未整修的FWD機車65號。

以FWD內燃機車之動力，直接改造自1923年，日本車輛製造的322號蒸汽機車。

虎尾糖廠以前尚未整修的FWD機車322號。

台糖農工處自製之內燃機車，目前僅存1輛陳列於月眉糖廠。

新營糖廠以甘蔗車直接加裝柴油引擎的拼裝車，不過沒有編號。

台灣糖業鐵道的內燃客車

 762mm

鼎鼎大名的勝利號汽油客車，是台糖目前唯一保存可發動的汽油客車。

　　台糖鐵道的客運，曾經是台灣最重要的鄉村運輸路網。在1945年台灣光復之初，全台灣各家糖廠的線路總長為2964.6公里，後來又修築南北線突破三千公里大關。當時台糖除了運送甘蔗的原料與成品之外，還有為數可觀的客運營業線，創造出五分車的客運文化，這些五分車是台灣過去鄉村交通的動脈。而糖鐵客運的發展，汽油客車Gasoline Railcar的出現，扮演著相當重要的角色。

　　過去在日治時期，糖鐵汽油客車的內部陳設，維持木造客車的簡陋結構；當時汽油客車的前端，還曾經設置有農產品的貨運架，可惜今日無法復見。正當台鐵流行光華號，阿里山出現中興號的時代，1968年時台糖公司開行的「平等號」汽油客車，模仿台鐵光華號不鏽鋼的車體。到了1980年運行末期，已經修正成標準的藍色車體，今日已經完全消失。

　　勝利號與成功號，原本是光復初期的汽油客車，後來經台糖農業工程處改造成柴油客車，2001年12月29日烏樹林舉辦「勝利號」五分車懷舊之旅，如今「勝利號」是目前台糖唯一動態保存的自走客車，車身材質為木造，過去使用糖廠包含有龍岩糖廠、新營糖廠、烏樹林車站。此外還有兩部與勝利號同型的「成功號」汽油客車，靜態保存於月眉糖廠；而溪湖糖廠保存的內燃客車，依然尚待整修。

　　雖然今日保存的汽油客車很少，但是台糖卻留下為數可觀的動力巡道車，這些兩頭圓形的巡道車，相當於小型的汽油客車，只不過它的定位，並不是給一般旅客搭乘，而是高級

勝利號汽油客車的動力轉向架。

的長官巡視才能乘坐。過去蒜頭糖廠還真有創意！曾經研發252號動力巡道車「蒜糖號」，首創裝有分離式空調設備，汽油發電機與家用分離式冷氣機，曾經當作貴賓車開放出租，租金每趟1,500元，不過後來反應冷淡，冷氣機已經拆除，回到原本的巡道車模樣。

名　　稱：勝利號 538號	客車寬度：2,200mm
軌　　距：762mm	客車高度：3,270mm
製造廠家：日本日立製作所 　　　　　汽油客車	客車重量：13.9公噸
	客車乘員：32人
製造時間：1949年12月	最高時速：40 km/hr
改造廠家：台糖農業工程處 　　　　　柴油客車	驅動裝置：腳踩式離合器、手 　　　　　動5段排檔
改造時間：1954年12月	停駛日期：1979年9月1日
客車長度：10,744mm	復駛日期：2001年12月29日

與勝利號同型的成功號汽油客車，今日靜態保存於月眉糖廠。

台糖汽油客車的內部陳設，維持木造客車的簡陋結構。

溪湖糖廠保存的台糖內燃客車，依然尚待整修。

昔日台糖的汽油客車的前端，設置有農產品的貨運架，可惜今日牟數拆除，已無法復見。（古仁榮攝）

昔日北港到嘉義的「成功號」對號快車，1995年放在岸內糖廠。

今日烏樹林的國寶，唯一可以復活行駛的「勝利號」汽油客車。

昔日台糖公司的「平等號」汽油客車，1968年時曾經模仿台鐵光華號為不鏽鋼製車體車體。1980年運行末期，已經修正成標準的藍色車體。(張新裕攝)

保存於苗栗鐵道公園的254號工程巡道車。

首創裝有分離式空調設備，蒜頭糖廠動力巡道車252號「蒜糖號」。

今日「蒜糖號」空調設備已經拆除，恢復平凡原貌。

「蒜糖號」巡道車的內裝。

藍色的208號巡道車。

動力巡道車的駕駛座。

古坑綠色隧道保存的藍色客車，也是退役動力巡道車所改造。

虎尾糖廠由退役的動力巡道車，改裝而來的無動力巡道車。

台灣糖業鐵道的客車

昔日台糖嘉義車站的蒸汽火車，牽引客車即將出發，注意這些客車的窗戶，保有採光窗的設計。(古仁榮攝)

學童放學在台糖車掌招呼之下魚貫地搭車回家，此情此景永成追憶。(古仁榮攝)

烏樹林保存的台糖客車車體(左)，以及汽油客車車體(右)。

　　昔日台糖的蒸汽火車，牽引五分車營運的畫面，曾經存在一段很長的時光，這些客車曾經是台灣中南部學童，最懷念的交通工具。當時這些客車的窗戶，還保有類似巴士的採光窗的設計，學童放學在台糖車掌招呼之下，魚貫地搭車回家。直到1982年，嘉義至北港線停駛後結束，此情此景，如今永成追憶。

　　今日台糖行駛的客車，是從2001年起，從烏樹林車站開始，台糖利用甘蔗車改造客車，四邊結構為欄杆，車門設於中間單邊，裝置長條椅，而且裝有播音設備。從此各家糖廠推行觀光客車，各有其獨特的「客車文化」。

　　例如溪湖糖廠的甘蔗車改造客車，車門僅限於單邊，並加入彩繪的廣告，花卉博覽會的客車，則加入花卉元素；烏樹林因應台灣國際蘭展，而改造的客車，則加入蘭花的元素。此外，蒜頭糖廠的甘蔗車改造客車，四邊結構為欄杆，配置鮮豔的帆布頂棚；而橋仔頭糖廠的甘蔗車改造客車，以竹作為四邊結構，頂棚覆以甘蔗葉，造型非常地特別！

　　其實，台糖今日經營觀光五分車，不應該拘泥於改造客車，應該恢復過去真正的五分車，也就是傳統「客車」恢復運用，這才是糖業鐵道文化元素的精髓啊！

新營糖廠所保存的小型客車。

蒜頭糖廠整修完好保存的小型客車。

今日的觀光客車 甘蔗車改造客車

溪湖糖廠的甘蔗車改造客車，車門僅限於單邊，並加入彩繪的廣告。

烏樹林的甘蔗車改造客車原始版，四邊結構為欄杆，車門設於中間單邊。

烏樹林的因應台灣國際蘭展而改造的客車，加入蘭花的元素。

多數台糖甘蔗車改造客車，裝置長條椅，而且裝有播音設備。

蒜頭糖廠的甘蔗車改造客車，四邊結構為欄杆，配置鮮豔的帆布頂棚。

橋仔頭糖廠的甘蔗車改造客車，以竹作為四邊結構，頂棚覆以甘蔗葉，造型非常地特別！

2005年台灣花卉博覽會的台糖觀光鐵道客車，以花卉作為彩繪車廂的元素。

762mm gauge

以前台糖的養魚、養豬事業需要飼料，用兩台蔗箱車合併車體改造而成的「飼料車」，如今保存於蒜頭糖廠，堪稱的當地特產。

台灣糖業鐵道是以產業鐵道起家，因此先有原料線與貨運，才有後來的客運，貨車的種類非常地複雜，基本上可以分成以下五大類，包含：1.蔗箱車與甘蔗車，2.守車，3.無蓋貨車（敞車與平車），4.有蓋貨車（篷車），5.水罐車與糖蜜罐車等等。

今日一般甘蔗車，比較不用來搬甘蔗，已經作為搬運蔗渣、糖包成品的使用。以前台糖的養魚、養豬事業需要飼料，用兩台蔗箱車合併車體改造而成的「飼料車」，如今保存於蒜頭糖廠，堪稱的當地特產。

1970年代，台糖曾經比照台鐵東線鐵道規格，打造的荷重15噸的大型篷車，拉門的強化鋼條為上下Y字形結構，這批台糖的標準型雙軸鋼製篷車，現今保存於蒜頭糖廠。大型篷車裝置與台鐵東線鐵道相同規格的轉向架，是台糖最大的一種篷車，還裝有自動空氣煞車裝置，後來會夾住車輪咬死試驗失敗，而拆除閘瓦等連動裝置。

台灣糖業鐵道比較獨特的是水罐車與糖蜜罐車，水罐車是為了延長蒸汽機車的行駛續航力而附掛車。這些昔日的蒸汽機車水罐車，今日成為蔗埕文化園區的澆水，1995年以前，台糖762mm軌距標準型的糖蜜罐車還在運作使用，還有台糖最大型的15噸型糖蜜罐車，762mm軌距，接收自台鐵東線油罐車體系。此外，台糖也有與台鐵相同1067mm軌距，台糖有P20M總重36噸中型蜜罐車，與P30MT總重48噸大型蜜罐車，共有兩款1067mm軌距的糖蜜罐車。

如今「一般甘蔗車」，已經作為搬運蔗渣使用。

虎尾糖廠裡面，搬運糖包成品的「一般甘蔗車」。

1. 蔗箱車與甘蔗車

　　蔗箱車與甘蔗車這兩者的差別，在於蔗箱車是配合機械自動化作業所設計，可以配合輸送機具，自動將甘蔗卸下進入原料槽的車輛，每台都是方方正正，只有邊桿的構造方圓不同。而一般甘蔗車，比較像是平車，甘蔗直接放在上面，也很容易掉落，或被頑皮的孩子抽走。如今多數的一般甘蔗車，已經作為搬運蔗渣，或是在糖廠裡面搬運糖包成品之用。

昔日台糖蒸汽機車，牽引「一般甘蔗車」。（蘇昭旭畫）

台糖日立牌機車，牽引運載甘蔗的「一般甘蔗車」。

虎尾糖廠的原料線，「蔗箱車」正魚貫地豐收進廠。

蒸汽火車後面所牽引的「蔗箱車」，配合機械化採收甘蔗所使用。

一般台糖的守車是黃色的，窗戶還加上紗窗以防蚊蠅。

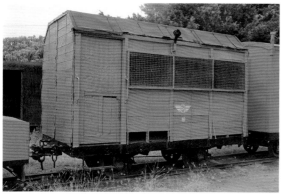

新營糖廠所保存的古老「木造」守車。

「木造」守車(左)與「鋼製」守車(右)的比較。

去掉了紗窗，換上了鋁窗，台糖的守車搖身一變，成了觀光列車的博愛車廂。

佳里糖廠的彩繪守車群。

3. 無蓋貨車　敞車與平車

糖鐵的無蓋貨車，敞車型態相當地多元，因為敞車用途最為廣泛。例如一般甘蔗車，除了搬運甘蔗以外，還可做為搬運枕木用途的敞車。而台糖標準型5噸的鋼製敞車，兩邊的側板可以放下，便可以變成所謂的低邊車。而且傳統的蔗廂車去掉四邊結構，立即變成了平車。

此外，一般糖鐵的守車是黃色的，加掛在列車尾端，因為列車行駛於郊外農地，窗戶還加上紗窗以防蚊蠅。今日新營糖廠保存一批守車，「木造」的守車非常地珍貴，以鋼製守車保存居多。當製糖廠關閉，守車的任務結束，這些守車去掉了紗窗，換上了鋁窗，台糖的守車搖身一變，成了觀光列車的博愛車廂，可以給比較畏風寒的旅客搭乘。

台糖裝有拱型彈簧的小型敞車。

一般甘蔗車，做為搬運枕木用途的敞車。

台糖一般的敞車，用途最為廣泛。

標準型的敞車，兩邊的側板可以放下，俗稱低邊車。

台糖標準型荷重5噸的鋼製敞車。

蔗廂車去掉四邊結構，立即變成了平車。

4. 有蓋貨車 篷車

糖鐵過去的標準型雙軸鋼製篷車，拉門的強化鋼條，為上下Y字形結構或米字形結構，而且以雙軸鋼製篷車為最多。台糖曾經製造大型轉向架四軸篷車，是最大的一種篷車，後來測試自動空氣煞車裝置失敗，而拆除閘瓦等連動裝置，如今多數保存於蒜頭糖廠。

台糖十分珍貴僅存的木造篷車，設有窗戶與通風拉門，現今保存於溪湖糖廠。

大型篷車裝置與台鐵東線鐵道相同規格的轉向架，是台糖最大的一種篷車。

大型篷車還有自動空氣煞車裝置，後來試驗失敗而拆除閘瓦等連動裝置。

雙軸鋼製篷車的車軸特寫。

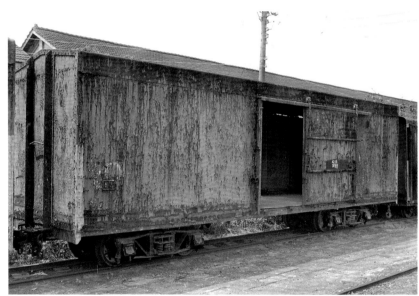
1970年代比照台鐵東線鐵道規格，打造的荷重15噸的大型篷車，現今保存於蒜頭糖廠。

麻豆糖廠的鋼製篷車，拉門的強化鋼條為米字形結構。

台糖的標準型雙軸鋼製篷車，拉門的強化鋼條為上下Y字形結構。

5. 水罐車與糖蜜罐車

　　昔日糖鐵的水罐車，是為了增加蒸汽機車的續航力，今日已無用武之地，成為蔗埕文化園區的澆水車。過去，台糖有許多標準型的10噸糖蜜罐車，為762mm軌距，如同「膠囊」裝上車輪一般逗趣。台糖也接收來自台鐵東線15噸型油罐車體系，作為中型糖蜜罐車。台糖也有與台鐵相同1067mm軌距的大型糖蜜罐車，以進入台鐵的聯運體系。

昔日為了延長蒸汽機車的行駛續航力，而附掛的小型水罐車。（古仁榮攝）

1995年岸內糖廠，台糖標準型的糖蜜罐車還在運作使用，762mm軌距。

昔日的蒸汽機車水罐車，今日成為蔗埕文化園區的澆水車，762mm軌距。

台糖標準型的10噸糖蜜罐車，762mm軌距。

接收自台鐵東線油罐車體系，台糖最大型的15噸型糖蜜罐車，762mm軌距。

台糖也有與台鐵相同1067mm軌距，P20M荷重20噸總重36噸的糖蜜罐車。

台糖十分特別的砸道機，762mm軌距，保存於烏樹林糖廠。

這種762mm軌距砸道機，全球並不多見，新營糖廠。

　　台糖有許多稀奇古怪的車輛，是其他輕便鐵道體系所沒有的，例如用於機械化自動採收作業的甘蔗輸送車，濾泥材料列車，還有適用於762mm/1067mm三軌線區間，連結器轉換的連結車，可適用不同形式的連結器等等。不過，在這些怪車族群當中，首推於1984年自奧地利進口，兩部十分特別的窄軌砸道機，配屬新營與仁德糖廠，這種762mm軌距砸道機，全球並不多見，當時是為了軌道保養機械自動化而引進，如今鐵道沒落，這兩部車也就閒置無用武之地。

　　此外，台糖有為數甚多的巡道車與道班車，例如保存於烏樹林糖廠的111號與109號巡道車，尤其是戀戀109巡道車，

還曾經作為糖鐵員工的結婚禮車，純白的車體顯得與眾不同。其他的道班車可真的是五花十八門，因為各家糖廠都有自己獨特的拼裝車文化；新營糖廠也保存各種改造的道班車，不少是以甘蔗車裝上柴油引擎，直接改造的道班車，簡直就像一部機車頭。其中，台糖最為特別的道班車，為斗六糖廠鐵道課所製造086號道班車。該道班車的一邊是轉向架，一邊是單一動力的車軸所拼裝，有點像是台糖柴電機車，但是鏤空中間，引擎裝在下方，只從單邊單軸驅動車輪，如今靜態保存於烏樹林糖廠展示。

用於機械化自動採收作業的甘蔗輸送車。

虎尾糖廠所保存，整修完好的濾泥材料列車。

台糖保存於烏樹林糖廠的111與109巡道車。

曾經作為結婚禮車的戀戀109巡道車，純白的車體與眾不同。

最特別的086道班車

有點像是台鐵柴電機車，但是鏤空中間的台糖086道班車。

引擎裝在下方，只從單邊單軸驅動車輪。

該道班車的另外一邊是轉向架，蔗箱車的車軸所拼裝。

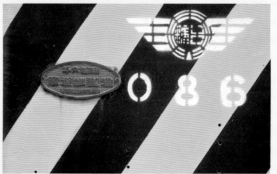
台糖086道班車，為斗六糖廠鐵道課所製造。

蒜頭糖廠的三部動力道班車。

動力道班車像車頭，牽引兩台無動力道班車。

前面凸出有引擎室的動力道班車，新營糖廠。

駕駛前方有寬大視野的動力道班車，溪湖糖廠。

以甘蔗車裝上柴油引擎直接改造的道班車，簡直就像機車頭一般。

新營糖廠保存的其他改造的道班車。

連結轉換車

三軌線區間的連結器轉換車，這是平車改造版，橋頭糖廠。

三軌線區間的連結轉換車，這是敞車改造版，烏樹林車站。

台糖其他用途的車輛

台糖蒸汽小火車的保存現況

從1980年台糖全面停駛蒸汽機車開始，在當時缺乏文化資產概念的時空背景之下，台糖多數的蒸汽機車，開始面臨一場生死浩劫，當時原則上各大糖廠保留一部蒸汽機車之外，多數當廢鐵拍賣，數目也急劇地減少。後來，除了少數幾部被日本有心人買走保存之外，沒想到台灣糖業鐵道也跟著急速沒落，連糖廠也都一一關閉，皮若不存，毛將焉附？所以關廠之後的蒸汽機車，除了轉送鄰近糖廠之外，就是報廢移送外地，其命運多舛，可想而知。有些火車保存狀況奇慘，以356號最為嚴重，有些成為柴油機車的改造車，以322號為代表。

如前面單元所統計，今日海內外的台糖蒸汽火車合計有50輛，其中台糖相關機構保存有29輛，日本有8輛，其餘地點13輛。其中1067mm軌距的蒸汽機車共有2部，10號與11號；剩下48部全部都是762mm軌距的蒸汽機車。就保存的狀況來說，僅有346號(溪湖)、347號(日本)、362號(日本)、370號(烏樹林)這四部是屬於動態保存，而且日本動態保存佔二分之一，其餘46部蒸汽機車，還是屬於靜態保存的體系。我想，未來台糖如果能夠善待這些蒸汽機車，應該就現有保存的八大類，各大類都復駛一部蒸汽機車，以合乎公平與比例原則。

新竹市古奇峰育樂園所保存的10號，為了適應室內空間，煙囪被拆除，斷頭的火車殘景，教人於心不忍。

1943年日本車輛製造的10號，駕駛室的大圓窗是日本車輛的標誌。使用台鐵的自動連結器，為1067mm軌距專用。

虎尾糖廠同心園的11號，1927年若津工場製造，是台糖僅存1067mm軌距蒸汽機車保存最好的。自動連結器下方並裝有台糖連結器，不過已被拆除。

月眉糖廠保存的274號，1920年日本車輛製造，是台糖現存762mm軌距最古老的一部。

317

高雄縣大社鄉觀音山綠野山莊所保存的317號，1942年台灣鐵工所製造，是目前台糖唯一保存二次大戰前台灣鐵工所的作品。

322

1974年斗六糖廠以FWD內燃機車之動力，直接改造1923年日本車輛製造的322號，首開台灣蒸汽機車變內燃機車之先例，今日為虎尾糖廠所保存。

326

原屬於虎尾糖廠，1940年日本車輛製造，曾經長年保存於月眉糖廠，最後移交至溪湖糖廠，台糖蒸汽火車蒸情博物館保存的326號。

329

原屬於虎尾糖廠，1934年日本車輛製造，現在保存於北港糖廠的329號。

331

1935年日本車輛製造，原屬於虎尾糖廠，1999年1月應台鐵之要求，贈送給台鐵苗栗鐵道公園作為展示的331號。

332

原屬於虎尾糖廠，1937年日本車輛製造，曾經長年保存於斗六糖廠，又回老家虎尾糖廠展示的332號。2010年12月11日借調至虎尾驛站。

335

原屬於大林糖廠，1937年日本車輛製造，1999年3月移到台東縣的池上牧野休閒中心保存的335號。

339

原屬於虎尾糖廠，1934年日本車輛製造，現在於斗六市雲林縣立文化局保存的339號。

台糖蒸汽小火車的保存現況50部全覽

原本屬於蒜頭糖廠，1984年3月提供給台鐵二水站北側公園保存的345號，1948年比利時AFB製造。台糖小火車與台鐵大火車CT278並列。

溪湖糖廠復活行駛保存的346號，1948年比利時AFB製造。2007年12月首開台糖復活蒸汽機車使用燃煤鍋爐的首例。

日本山形縣河北町中央谷地公園動態保存的347號，依然保存原始的鍋爐，以燃燒木柴為動力，1948年比利時 AFB 製造。

台南麻豆糖廠保存的348號，1948年比利時 AFB 製造。

台南佳里糖廠保存的349號，1948年比利時 AFB 製造。

原本保存於新營糖廠，在2002年初移到烏樹林園區展示，現在於新營糖廠中興車站展示的350號，1948年比利時 AFB 製造。

原屬於岸內糖廠的351號，在1986年7月1日贈送給彰化縣永靖高工，是台灣極少數的校園保存蒸汽火車，1948年比利時 AFB 製造。

屏東南州糖廠保存的352號，煙室門的旋轉把手呈現Benz三支120°的特異形狀，為其特徵。1948年比利時 TUBIZE 製造。

353

高雄橋頭糖廠保存的353號，1948年比利時 TUBIZE 製造。

354

屏東旗山糖廠保存的354號，1948年比利時 TUBIZE 製造。

355

原本為高雄小港糖廠保存，後來轉移至台糖遊憩事業部高雄休閒園區內，精農站外保存的355號，1948年比利時 TUBIZE 製造。後方是橋頭觀光火車。

356

林口渡假村的356號，比利時製，1948年比利時 TUBIZE 製造。號牌已消失，是目前台糖蒸汽機車保存狀況最差的一部。

台糖蒸汽小火車的保存現況50部全覽

357

曾經為日本吉野實先生所收藏，2005年7月5日送回台灣大林糖廠，後來糖廠棄置，為黃嘉益先生善心保存的357號，1948年比利時 TUBIZE 製造。

358

ポッポ食堂門口外觀。

日本九州大分縣中津市，汽車ポッポ食堂門口陳列的358號，1948年比利時 TUBIZE 製造。

359

屏東糖廠保存的359號，1948年比利時 TUBIZE 製造。

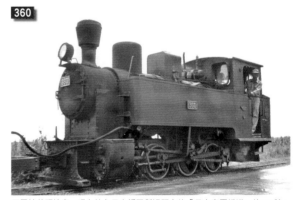

360

原屬於蒜頭糖廠，現在放在日本靜岡縣裾野市的「日本庭園鐵道」的360號，這是它當年在蒜頭行駛的畫面，1948年比利時 TUBIZE 製造。（古仁榮 攝）

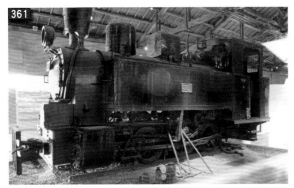

原本保存於橋頭，一度展示於楠梓區台糖花卉農園中心，2006年4月移置於高雄橋頭糖廠室內館保存的361號，1948年比利時 TUBIZE 製造。

日本長野縣野邊山 SL LAND 動態保存的362號，1948年比利時 AFB 製造。不過為了改造成重油鍋爐，駕駛室後方的空間加大很多，已經失去原有風貌。

363號被野邊山 SL Land 所收藏，今日在倉庫等待整修後，如同362號可以復駛。（薛駿良提供）

日本千葉縣松戶市橫須賀，吉野實先生收藏保存的363號，1948年比利時 AFB 製造。（蘇奕肇提供）

彰化溪湖糖廠保存的364號，1948年比利時 TUBIZE 製造。

台南善化糖廠保存的365號，1948年比利時 TUBIZE 製造。

花蓮光復糖廠保存的366號，1948年比利時 TUBIZE 製造。

1999年曾經在林口度假村復活行駛，後來放在台北市兒童交通博物館，2009年1月移置於嘉義民雄鄉松田崗休閒農場的367號，1948年比利時 TUBIZE 製造。銘版7這個數字歪掉是它的特徵。2010年售予淡水綠道觀音廟。

蒜頭糖廠保存的368號，1948年比利時 TUBIZE 製造。

369

原本放在仁德糖廠，2009年11月移置於月眉糖廠保存的369號，1948年比利時 TUBIZE 製造。

370

烏樹林糖廠車站動態保存的370號，1948年比利時 TUBIZE 製造。2002年春節首開先河，台糖蒸汽機車復活行駛的代表作。

374

原本放在國軍北部某單位作為練習教材的374號，現在移置到新北市鶯歌區聯勤汽車基地勤務廠，1958年台灣機械公司製造。(洪致文攝)

375

台南縣麻豆鎮代天府保存的375號，1958年台灣機械公司製造。

376

1992年在草屯嘟嘟樂園復駛的376號，後來放在金氏世界紀錄博物館倉庫中保存，1958年台灣機械公司製造。(古仁榮攝)

382

原本放在大林糖廠，移置於新營糖廠中興車站保存的382號，是台糖僅存汽包與砂箱合一的蒸汽機車，1958年台灣機械公司製造。

604

原本放在鹿港民俗藝術館，又移到埔里糖廠，2008年8月移置溪湖糖廠蒸情博物館的604號，1920年雨宮製作所製造。是台糖唯一保存的雨宮製作所車輛。

C24

南靖糖廠保存的C-24號，1938年本江機械所製造。是台糖極少數不按照編號規則製作銘版的車輛，C代表三動軸蒸汽機車。是台糖僅存的本江機械車輛。

台糖蒸汽小火車的保存現況50部全覽

527

原屬溪湖糖廠,輸出至日本埼玉縣山口西武園遊園地レストラン ポッポ保存的527號。後來已經送到台灣高雄陳中和紀念館保存,2011年9月10日開幕。

532

原屬溪湖糖廠,輸出到日本西武園遊園地,後來又移到北海道紋別丸瀨布森林公園保存的532號。1928年德國 Koppel 製造。

535

日本兵庫縣高砂市阿彌陀町レストラン サンフローラ保存的535號。1936年日本車輛所製造。(米澤光敦 攝)

535

1970年代,535號在嘉義蒜頭糖廠運行的歷史畫面。(張新裕 攝)

538

台南市台灣糖業博物館保存的538號。1938年日本車輛所製造。

543

台北縣新莊市台灣盲人重建院保存的543號。1941年台灣鐵工所製造。

650

原本為日本伊藤一已先生所捐贈,而暫時放在蒜頭糖廠,最後移置於嘉義縣朴子市火車頭公園,重新漆成黑色的650號。1928年德國 Koppel 製造。

724

台南市台灣糖業博物館保存的724號,1925年日本川崎重工製造。是台糖保存最後一部四動軸的蒸汽機車,十分地珍貴。

762mm gauge

台糖 SL370 蒸汽機車在烏樹林車站調度行走。

　　自從1980年台糖停駛蒸汽機車之後，台糖蒸汽機車的動態保存只有日本長野縣的野邊山的SL362，以及在山形縣河北町的SL347。直到2001年的年底，沉寂多年台糖蒸汽機車，終於有了復駛的契機。台糖370蒸汽機車，機車的「行走部」放在新營糖廠裡面的工廠維修，機車的鍋爐則另外委外重製。當新聯興新造的鍋爐完成之後，與下方的行走部接合完成，這部蒸汽機車開始進行測試。同年12月22日，台糖370號蒸汽機車首開先河，展開復駛活動。

　　由於鍋爐年久失修之故，370號為了行車安全及環保問題，只好設置重油鍋爐，以燒重油加熱送出高壓水蒸汽，推動火車行駛。這樣火車跑起來雖然神"氣"十足，就是少了煤煙味的芬芳。而且改造後的台糖370號，為了供應自身照明與後方車廂所需的電源，車架後下方多了一部汽油發電機。不過，台糖370蒸汽機車一轉眼復駛也過了十年，蒸汽機車的妥善率也面臨考驗，台糖得慎重考慮挑選下一部復駛的蒸汽機車。

新聯興的鍋爐完成，與下方的行走部接合完成，進行測試。

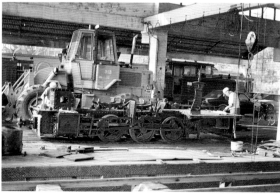

蒸汽機運行結束後，將鍋爐餘熱的水釋放。

由於是燃燒重油，因此駕駛室沒有投煤口，而是注油的幫浦與馬達。

2001年的年底，台糖 SL370 蒸汽機車，機車的「行走部」在新營糖廠維修的畫面，機車的鍋爐則另外委外重製。

蒸汽機車冒著白煙在蔗田的奔馳，氣笛一聲迴盪於田野之間。

烏樹林車站裡面，SL370 蒸汽機車牽引觀光列車進站。

台糖 SL370 蒸汽機車，牽引觀光列車抵達新頂埤站。

台糖 SL370 蒸汽機車在新頂埤站調車，準備逆向牽引列車回去。

新頂埤站的月台與周邊小販。

762mm gauge

台糖346蒸汽機車，牽引溪湖糖廠觀光列車行駛的畫面。

　　不讓烏樹林的SL370專美於前，溪湖糖廠的SL346也進行復駛工程。2007年溪湖糖廠的 SL346，被送至新營糖廠整修走行機構，並送入新營市新聯興鐵木工廠更新鍋爐，準備復活行駛。2007年12月9日，溪湖糖廠配合台灣蔗糖鐵道文化節，SL346正式復活啟用。員工穿上古老的制服，一樣熟練的姿勢，一樣的煤煙滋味，SL346 在濁水站調度的畫面，讓歷史重現。

　　其實SL347和SL370號都一樣，同屬於台糖在光復之後，引進最多的一型主力機車，從345至370號共26輛，1948年比利時製造的 tank 蒸汽火車。透過黃文鎮先生的努力，台糖347號蒸汽火車依然保存原始的鍋爐，以燃燒煤炭為動力，克服了先前370號必須改成重油的窘境，因環保議題不能燒煤的問題。而昔日 SL346 的鍋爐被拆換下來，放在溪湖的蒸汽火車蒸情博物館裡面展示。

台糖 SL346 在濁水站調度的畫面，讓歷史重現。

2007年台灣蔗糖鐵道文化節的舞台，配合 SL346 復活啟用。

可愛的小小孩拿著台糖SL346的圖卡，期待他的復駛。

透過黃文鎮先生的努力，SL346 蒸汽機車得以用燒煤炭的鍋爐復活。這是昔日靜態保存於溪湖糖廠前的畫面，以資對照。

台糖SL346通過濁水溪橋的畫面。

不同於烏樹林的SL370，溪湖糖廠SL346採用燃煤的鍋爐。

2007年12月9日，溪湖糖廠 SL346 正式復活啟用。

台糖 SL346 從濁水站倒拉行駛，一路開回溪湖糖廠的畫面。

台糖 SL362　動態保存　日本野邊山

gauge 762mm

台糖 SL362 號蒸汽機車，汽笛一聲行走在野邊山，日本鐵道的最高點。

80

台糖SL362　動態保存　日本野邊山

　　野邊山是日本鐵路最高點，車站海拔高1345.67公尺，是日本鐵道迷的聖地之一。而台糖的SL362號在1983年時被賣到日本，經過整修之後，1988年4月29日開始在野邊山的 SL Land（蒸汽火車樂園）動態運轉。而 SL Land 園內這輛362號蒸汽小火車，從上午10點到下午4點的開放時間裡，民眾除了可以乘坐蒸汽火車遊園一圈之外，園內還有兒童遊樂設施及餐廳，讓參觀的遊客使用。

　　台糖的SL362號蒸汽火車拖著兩節遊園客車，沿著762公厘軌距約320公尺長的鐵道，繞園一圈約需3分鐘時間。SL362 號駕駛室後方，搭建起一座新的重油鍋爐室，以燃燒重油送出高壓蒸汽來推動火車行駛，遠遠在野邊山火車站聽到它汽笛一聲，令人忍不住飛奔過來，看它冒著白煙，在美麗的野邊山高原奔馳，真教人既興奮又懷念呢！

台糖蒸汽火車復駛狀況比較表

車輛/號元	347號	362號
來源	台糖溪湖糖廠	台糖溪湖糖廠
製造年	1948年	1948年
製造國	比利時	比利時
現今所在地	日本山形縣河北町	日本長野縣野邊山
車輛運行動力	燒木材	燒重油
運行路線	直線來回往返135公尺	環線繞行320公尺
搭乘費用	免費	大人300，小孩200日圓
運行時間	每年4月至11月的第一和第三個週日下午1:00至3:00	每年4月至11月上旬
地圖資訊	日本	日本

台糖蒸汽機車在日本的復駛狀況比較表。

台糖 SL362 號駕駛室有座重油鍋爐室，燃燒重油送出高壓蒸汽推動火車行駛。

日本野邊山 SL Land，它的招牌、月台與軌道。

762mm

保存於山形縣河北町的台糖 SL347 號蒸汽火車，135公尺長的運轉線來回運行。

今日在日本有兩處地點，您可以親眼目睹台糖蒸汽小火車復活行駛，親身體驗乘坐一番，一處即是在長野縣野邊山的 SL362 號小火車，另一處是在山形縣河北町的台糖347號小火車。在日本山形縣西村山郡河北町中央谷地公園，有135公尺長的運轉線來回運行，從1988年春季開始保存運行，最大的特色是依然保存原始的鍋爐，以燃燒木柴為動力。後來還改造煤炭櫃作為旅客乘坐空間，想要體驗就免費上來搭車，剛好347號和溪湖的346號，成為幸運復駛的連號姐妹車。

當 SL347 號汽笛一聲走在日本鐵道，遠山如畫，碧草如茵，彷彿回到那一段台糖五分仔車，在舊時台灣田野的時光。台灣鐵道的火車我們自己不珍惜，竟然成為日本的鐵道文化財，看到這樣的畫面，您心中是否頗有感觸？

目前台糖 SL347 號蒸汽火車，依然保存原始的鍋爐，以燃燒木柴為動力。

台糖 SL347 號蒸汽火車幾乎原貌保存完好，與當年輸出至日本時相比變動不大。

台糖 SL347 號蒸汽火車，尚未輸出海外，還在台灣溪湖車站的歷史畫面。（古仁榮攝）

台糖 SL650　誠信無存的荒唐故事

762mm gauge

今日保存於嘉義縣朴子市火車頭公園，命運曲折多舛的台糖 SL650。

　　今日保存於嘉義縣朴子市火車頭公園，命運曲折多舛的台糖 SL650 蒸汽機車。2003年底，從日本伊藤一己先生的手中被送回台灣，當時剛好碰到嘉義地方首長選舉，SL650 當時在高雄辦了盛大的上岸典禮，這部 SL650 蒸汽機車在「老火車回嘉」的展示活動之後，被安置於嘉義蒜頭糖廠。不過當時伊藤一己先生答應送回台灣的條件，是必須在五年之內讓它復活，如今已經過了八年，卻完全不見動靜，甚至想要另外找處所藏身。台灣民眾普遍認為政治人物，選舉時所有的語言不要太計較，選舉承諾也可以不算數，但是對於白白奉獻的日本友人而言，這真的是一段誠信無存的荒唐故事。

　　這款 SL650 蒸汽機車，是德國 Koppel 製造輕便鐵道蒸汽機車，在德國的原型是750mm的軌距，原始的設計並無尾隨輪，配合輸出台灣加寬軌距為762mm，才把尾隨輪加上去。這樣比較能夠加長水櫃容積，延長鍋爐與車身長度，便利於機車後方配重與後退運行。至於後方附掛的水箱車，是台灣自製加上去以延長其續航力，不難看到轉向架拼裝的痕跡。

2003年底台糖 SL650 蒸汽機車，被送回台灣在高雄展示的鏡頭。

台糖 SL650 蒸汽機車被安置於蒜頭糖廠。

德國 Koppel 製造輕便鐵道蒸汽機車，SL650 的750mm軌距版本在德國的原型車。

後方的水箱車是台灣自製加上去，可以看到轉向架拼裝的痕跡。

保存於烏山頭水庫的嘉南大圳施工用火車，很可能為台糖的蒸汽機機車。

陳列於烏山頭水庫的蒸汽火車頭，是為了紀念日治時期的八田與一，修築嘉南大圳的功績而展示，然而，嘉南農田水利會竟然援引台糖戰後1948年比利時進口汽機車的資料，做成解說資訊看板，內容並不正確。這款車應該是台灣新興製糖所購入，屬於糖鐵的火車，但是僅作為嘉南大圳施工時支援工事使用，工事結束之後，回歸糖業運轉使用。最終其車籍資料還是屬於糖業鐵道車輛，編號範圍100-129的糖鐵蒸汽機車其中的一部。（詳見P.178頁）

依據史料考證，該蒸汽機車應該是德國Henschel或日本車輛株式會社製造的二輛762mm軌距，9.5噸級2軸蒸汽機關車其中之一輛。從鉚釘的分佈來看，煤櫃有經過改造而消失，尾端下面那一塊鋼板，是後來貼上去的，尾輪也被拆除。對照蒸汽機車形式圖，切除的痕跡十分明顯。因為機車前端的緩衝鋼板，其基座應為裝置「台糖連結器」才是。對照同一批日本車輛株式會社製造，9.5噸級2軸蒸汽機關車的形式圖，其連結器基座高度十分吻合。嘉南農田水利會有義務更正，才對得起八田與一的在天之靈。

從鉚釘的分佈來看，煤櫃有經過改造而消失，尾端下面那一塊鋼板，是後來貼上去的，尾輪也被拆除。對照蒸汽機車形式圖，切除的痕跡十分吻合。

機車前端的緩衝鋼板，其基座應為裝置「台糖連結器」。

對照同一批日本車輛株式會社製造的火車，其連結器基座高度吻合。

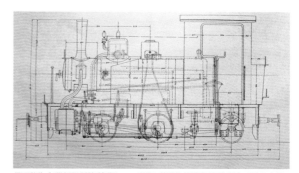

很可能為台灣新興製糖所購入，10噸級2軸蒸汽機關車的形式圖。（日本車輛）

新營糖廠　果毅后旗站　台糖也有之字形路線

1067mm
762mm
gauge

台糖的大日立柴油機車正在奮力爬坡中，下方鐵道就是先倒退再換駕駛方向出發的路線，台糖也有之字形路線，名不虛傳！

　　一般人總認為台灣的之字形路線Switch back，應該阿里山鐵路才有，其實新營糖廠的果毅后旗站，也有類似的之字形路線。透過762mm+1067mm軌距鐵道，台糖大日立火車柴油機車，從新營來到果毅后旗站，必須先倒退再換駕駛方向，再駛往新營副產品加工廠，出發路線就在左側下方。其實，先倒退再換駕駛方向出發的鐵道，未必就是之字形路線，不過如果這樣的折返不是在平面上，而有上下的高低鐵道落差，剛好展現之字形路線的折返爬升功能。

　　過去台糖大日立柴油機車，牽引沉重的穀物斗車，通過急水溪橋抵達果毅后旗站，進行調度折返。由於該路線是762mm+1067mm軌距並行的重要路線，果毅后旗站(號誌站)裡面，還有設有CTC行車控制面板，以壓縮空氣驅動轉轍器，其自動化的程度絲毫不亞於台鐵。這麼重要且具有歷史意義的設施，後來竟因為新營糖廠關閉而告別，實在是台灣糖業文化的重大損失。

　　回想起以前搭台鐵火車到新營站，從車廂裡面往新營站方向觀賞，經常可以看到整列的穀物斗車，那是與台糖聯運的貨車。這些1067mm軌距的貨物列車，會被送往新營副產品加工廠，再從新營副產品加工廠拉回空車，等台鐵的機車運往全台各地，如今僅餘空蕩蕩的軌道，這一段故事已經成為歷史。

大日立柴油機車牽引穀物斗車，抵達果毅后旗站，前方是762mm+1067mm軌距共用的三線鐵道。

由於是 762mm/1067mm 並行的重要路線，果毅后旗站(號誌站)裡面還有 CTC 行車控制面板，以壓縮空氣驅動轉轍器。

台糖的大日立柴油機車牽引穀物斗車，通過急水溪橋的畫面。

從新營副產品加工廠拉空車回來的台糖火車。走右圖的右側路線。

從這張圖片不難看出之字形的路線結構。右側的路線通往副產品加工廠。

以前新營站裡面經常可以看到穀物斗車，那是與台糖聯運的貨車，貨車會被送往新營副產品加工廠。

新營副產品加工廠的外觀。

1067mm
762mm
gauge

新營糖廠在1999年時的風景，廣大的軌道路線，偌大的廠區，尤其對照今日已經倒下的煙囪，真的是令人壞念。

　　台糖的鹽水如何製糖？這曾經是個有名的趣談。而鹽水岸內糖廠最有名的，莫過於鐵道的雙十字交叉。因為從新營過來與從義竹過來的路線，在此形成軌道「雙十字交叉」，以及眼觀四面的獨立號誌。1997年的岸內糖廠文藝季，當時的鹽水車站與復活行駛的勝利號汽油客車，通過櫻花樹下的美麗風景，至今猶然令人懷念。

　　此外，新營曾經是台糖三大總廠之一，新營糖廠的行車調度室，也就是行控中心就座落在天橋上，小火車從下方通過。整個車站架構有猶如歐洲鐵道一般，如今在英國依舊不難找到行車調度室，座落在天橋上的風光。當年由於南北線調度的需求，新營糖廠採用最新的氣壓式驅動轉轍器，鐵道兩旁掉落滿地的甘蔗。這樣的畫面，正是南台灣製糖期最熟悉的回憶，後來竟然只是因為主事者不察，讓台糖最新進的科技完全毀於一旦，如何教人不感到痛心？

1997年的岸內糖廠文藝季，當時的鹽水車站與復活行駛的勝利號汽油客車。

新營糖廠的調度室的CTC控制面板，採用氣壓式驅動開關。

新營糖廠的氣壓式驅動轉轍器，以及掉落滿地的甘蔗。

岸內糖廠最有名的軌道「雙十字交叉」，以及眼觀四面的獨立號誌。

1997年行駛的勝利號汽油客車，通過櫻花樹下的美麗風景。

新營糖廠的調度室，也就是行控中心就座落在天橋上，小火車從下方通過。

762mm gauge

台灣最後的鐵道運送製糖原料的路線，虎尾糖廠牽引豐收的重車即將返程。

　　虎尾糖廠的馬公厝線，是台灣最後運送製糖原料的鐵道路線，虎尾總廠更是最後的製糖工廠動態保存地。每逢春天播種的季節，虎尾糖廠原料線的風景，水田倒映的風光，美得令人沉醉。尤其是糖鐵與高鐵列車交會於立體交叉處，更是多少鐵道迷專注守候，只為獵取片刻須臾美景的景點。

　　今日的虎尾糖廠，不止是糖業鐵道的動態保存場所，更是許多歷史古蹟匯集之處。包含虎尾車站，雖然沒有辦客運，直到今天的製糖期，依然維持著基本運作。昔日蒸汽火車的鍋爐煙管，成為今日虎尾糖廠內的柵欄。當時為了1923年裕仁皇太子遊台灣，將引退的日本東海道線鋼梁橋送到這裡，使得虎尾溪橋，成為糖鐵最著名的花樑橋，如今已經被文建會指定為古蹟。

牽引原料的小火車，通過製糖中的虎尾製糖工廠。

製糖成品裝上一般甘蔗車，用纜索拉動牽引。

拉動牽引纜索的電動曳引機。

虎尾車站的外觀，雖然沒有辦客運，直到今天依然維持運作。

春天播種的季節，虎尾糖廠原料線的風景，水田倒映的風光，美得令人沉醉。

陣容龐大的虎尾糖廠柴油機車庫。

虎尾糖廠裝運濾土的低邊車(左)，以及一般甘蔗車(右)。

昔日蒸汽火車的鍋爐煙管，如今成為虎尾糖廠內的柵欄。

當時為了1923年裕仁皇太子遊台灣，將引退的日本東海道線鋼梁橋送到這裡，使得虎尾溪橋，成為糖鐵最著名的花樑橋。

gauge　762mm

南靖糖廠的軌道與工廠全景，2004年春天最後製糖的時光，雖然煙囪還冒著煙，但是甜蜜的氣息已經來日無多。

　　2008年的春天，是南靖糖廠最後製糖的時光，雖然八掌溪旁的煙囪還冒著煙，但是甜蜜的氣息已經來日無多。過去清晨搭台鐵的火車，從南靖車站的方向望過去，南靖糖廠的煙囪冒起白白的煙。象徵著冬天製糖期已經來臨，冷冷的空氣中可以嗅到些許甜蜜的氣息。

　　南靖糖廠的小火車出廠前，一定得取得路牌才能出發，司機矯捷地從看柵工手中取得路牌。雖然火車速度不快，但是安全不能打折，糖鐵交接路牌，毫不馬虎，小火車即將進廠的瞬間，迅速地將路牌交回。這一批路牌（Tablet）掛在運轉室前方，不止是行車安全的保障，也是台糖鐵路不可或缺的鐵道文化。

　　當時許多糖鐵愛好者聚集在此，用一種疼惜歷史的心情留下紀錄，看到南靖糖廠的甘蔗原料車進場後，甘蔗原料裝卸的流程，雖然依依不捨，然而2008年之後就永成歷史。如今這樣的製糖畫面，只剩下虎尾與善化兩座糖廠而已。

清晨從南靖車站的方向望過去，南靖糖廠的煙囪冒起白白的煙。

南靖糖廠的甘蔗原料車進場後，甘蔗原料裝卸的流程。

雖然火車速度不快，但是安全不能打折，糖鐵交接路牌，毫不馬虎！小火車即將進廠的瞬間，迅速地將路牌交回。

小火車出廠前，一定得取得路牌才能出發，司機矯捷地從看柵工手中取得路牌。

豐收的小火車，承載滿滿甜蜜的甘蔗，即將進入南靖糖廠。

這一批路牌（Tablet）掛在運轉室前方，不止是行車安全的保障，也是台糖鐵路不可或缺的鐵道文化。

南靖糖廠內部的廠區鐵道風光，製糖期地上滿滿是掉落的甘蔗。

gauge 762mm

仁德糖廠的製糖小火車，浩浩蕩蕩地通過二層行溪橋，2003年3月留下最後懷念的身影，從此製糖小火車過橋名景，永成歷史絕響。

　　2003年是仁德糖廠最後的製糖季節。仁德糖廠的本洲線，會與台鐵的縱貫線在保安站呈現立體交叉，糖鐵從縱貫線下方通過。無獨有偶的，這樣的立體交叉不止一個，阿蓮線則是以跨線陸橋的方式越過台鐵的縱貫線，就在大湖站的北方。如今小橋雖被拆除，但是跨線的磚造橋台依然保存。

　　其實仁德糖廠最有名的場景，是製糖的小火車拉著一長串車廂，浩浩蕩蕩地通過二層行溪橋，在2003年3月留下最後懷念的身影之後，從此永成歷史絕響。後來仁德糖廠以發展休憩事業為主，包含附近的台糖 Sugar Mall，反而是台糖日立牌機車，成為裝飾性的配角，還有一整排以蔗箱車改造的台糖火車咖啡屋，如今已經拆除。

仁德糖廠的原料線阿蓮線，在大湖一帶裝載甘蔗的歷史鏡頭。

仁德糖廠附近的台糖 Sugar Mall，台糖日立牌機車成為裝飾性的配角。

台糖 Sugar Mall 前面一整排的台糖火車咖啡屋，如今已經拆除。

仁德糖廠的本洲線，會與台鐵的縱貫線在保安站呈現立體交叉，糖鐵從縱貫線下方通過。

北港糖廠　最後的北港線客運

2004年1月，北港糖廠最後仍在製糖的時光，當時廠區的全景。

　　2004年的春天，是北港糖廠最後的製糖季節，北港糖廠的原料線小火車，載運甘蔗往糖廠進發，已經是最後的季節了。其實這不是第一次的告別，因為北港糖廠在台糖鐵道史上別具意義，上次的告別是在1982年，1982年8月17日從北港車站經新港，到嘉義後火車站的嘉義線（俗稱北港線）鐵路客運停駛，也正式終結了台糖的客運業務。

　　日治時期許多信眾到北港媽祖進香，都是選擇搭乘總督府鐵道（今台鐵）到嘉義，再搭乘糖鐵小火車到北港朝天宮，當時這條鐵路是非常賺錢的路線，總督府還頒贈匾額以資表揚。因此多年之後，當北港客運停駛，糖廠的原料線火車也跟著停駛，格外教人感傷。隨著時代的變遷，搭小火車到北港的進香歷史，已逐漸被遺忘，台灣最後的糖鐵客運路線，已經永不復返。

台灣最後的糖鐵客運路線，北港線的新港站。如今只餘幾台火車，新造的木構月台，妝點殘缺的記憶，卻已經永不復返。

這是昔日的北港火車站，當時的木造客車與尾隨的行李貨車。（野間晃攝）

2004年春天，最後的北港線小火車，原料線正載運甘蔗往糖廠進發。

台糖小火車越過北港市區，最有名的「文化路」立體交叉。（許乃懿攝）

溪湖糖廠觀光鐵道　最富原味的台糖小火車

762mm
gauge

日立牌機車837繪上製糖廠的齒輪，連結一列彩繪車廂奔馳於田野中。

　　溪湖糖廠是當今台糖兩處復駛蒸汽機車的場所之一，而SL346 是最富原汁原味的台糖蒸汽火車，是燒煤而非燒重油的蒸汽火車。溪湖糖廠還有一個特色，可以看見各式各樣不同塗裝的「日立牌」柴油機車。每年不同活動之下，顏色與款式相當多元，其中以「花博會版」與「乳牛號版」最為有名，因此溪湖糖廠幾乎可以稱為「日立牌」柴油機車博物館。

　　比較知名的火車有二種，快樂乳牛號觀光列車於2003年7月19日上路，2007年12月9日溪湖糖廠復駛 SL346 蒸汽機車正式啟用。昔日的溪湖木造車站，雖然原址保留，卻已經不再使用。從員林到溪湖的「員林線」鐵道路線何時能復駛，成為台鐵的另外一條支線，甚至延伸到鹿港，才能真正為溪湖糖廠，連接觀光動線的新契機。

單位	溪湖糖廠	
時刻	平日	團體預約外停駛
	例假	0900, 1010, 1300, 1520, 1630；1120 ,1410為蒸氣機車牽引班次
區間	糖廠→濁水3.5km	
票價(元/人)	全100，半80，幼70，老50，殘障者免費	
地址	彰化縣溪湖鎮彰水路二段762號	
電話	(04)8855868	
機車	日立牌機車、346號蒸汽機車	
備註	30人以上視為團體	

溪湖糖廠的車站，觀光火車即將出發。

2007年12月9日溪湖糖廠復駛 SL346蒸汽機車正式啟用。

2003年7月運行的乳牛號版「日立牌」柴油機車,堪稱溪湖糖廠的特產。

藍色與黃色彩繪的「日立牌」829柴油機車。

原始塗裝的「日立牌」柴油機車,連結一整列小型篷車。

冬季花海的溪湖糖廠與火車,後方製糖工廠已經停工。

昔日台糖的木造篷車,變成為售票室。

昔日的溪湖木造車站,雖然原址保留,卻已經不再使用。

2008年11月開業的台糖小火車蒸情博物館,許多蒸汽機車匯集於此。

「日立牌」柴油機車百態,花卉博覽會版(左)與一般版柴油機車(右)之比較。

花卉博覽會的觀光鐵道　臨時性的觀光鐵道

gauge 762mm

2005年彰化的花卉博覽會，也是台灣舉辦花博會的先河。

　　台糖曾經有過一些臨時性的觀光鐵道，這些台糖鐵道都是在某些臨時性的展覽活動中出現，活動結束隨即撤離，並沒有賦予他們應有的地位與角色。雖然火車是可以行駛的，但卻無法定期運轉，2005年彰化台灣花卉博覽會——花神季接駁列車，利用推拉式牽引機車，日立807號與日立827號一前一後運行。

　　除了彰化縣之外，雲林古坑鄉的綠色隧道，利用日立牌機車連結一整列「古坑咖啡屋」列車。這些「咖啡屋」列車是蔗箱車所改裝，最特別的是夢田小火車的古坑咖啡屋，精緻小巧的內裝，難以想像這是台糖小火車，一般民眾僅可見其靜態展示。

　　此外，2001年以前的台灣，台糖蒸汽火車還沒有可以動態保存的先例。當時台糖還有一部367號蒸汽機車，曾經在高雄金銀島樂園短暫行駛過，然而軌道的鋪設總是因陋就簡，看似簡單卻隱藏高度專業，以至於承包商找來非專業施工人員施工，經常出軌，沒多久就停駛了，這部火車再度流浪到台北兒童交通博物館。

　　台北兒童交通博物館還鋪設300公尺的專用軌道，兩旁的綠樹，頗有森林鐵道風情，甚至出現企業贊助的技嘉號巡道車。後來兒童交通博物館倒閉，367號蒸汽機車與技嘉號巡道車，就流落被拍賣的命運。如果這條路線還繼續存在，堪稱是北台灣僅存的糖業鐵道。

連接省道到達花卉博覽會的台糖觀光鐵道，終點的花卉博覽會車站。

2005年台灣花卉博覽會的台糖觀光鐵道客車，以花卉作為彩繪車廂的元素。

花卉博覽會的台糖觀光鐵道行駛風光，別有一番獨特風味。

台北兒童交通博物館的技嘉號巡道車，這是它的另外一端。

技嘉號巡道車行駛在300公尺的專用軌道上，兩旁的綠樹，頗有森林鐵道風情。

台糖367號蒸汽機車，曾經在高雄金銀島樂園短暫行駛過。(郭俊傑攝)

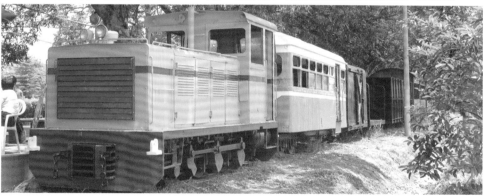
雲林古坑鄉的綠色隧道，日立牌機車連結一整列「古坑咖啡屋」列車。

「咖啡屋」列車是蔗箱車所改裝。

這是夢田小火車的古坑咖啡屋，精緻小巧的內裝，難以想像這是台糖小火車。

「蔗埕文化園區」的牌樓，蒜頭糖廠的觀光鐵道起點。

臨近嘉義縣政府與高鐵太保車站的蔗埕文化園區，是昔日蒜頭糖廠所發展而來。蒜頭除了原有的木造車站之外，廠區內環狀的觀光鐵道旁，還有一間小型木造的蒜頭車站。蔗埕文化園區有很多獨特的保存車輛，包含曾經作為台糖空氣煞車軔機試驗，珍貴的轉向架式篷車。當年台糖曾經試驗空氣煞車系統失敗以後，如今完整保存於糖廠內。

此外，蒜頭糖廠還有一批接收自台鐵東線油罐車體系，台糖最大型的762mm軌距，15噸型糖蜜罐車。以上這兩種火車，堪稱蔗埕文化園區獨一無二的寶藏。

蔗埕文化園區還有開往高鐵太保車站附近的觀光鐵道，出去園區之前可以望見臂木式號誌與轉車台，以及用甘蔗車作成的天橋，實在非常特別。就在蒜頭糖廠的不遠處，還有古老的牛稠溪橋，以前原料線的火車會經過這裡，其實糖廠發展文化園區，應該秉持不求第一、但求唯一的理念，不要去複製其他園區的東西，而應該發展自己的特色。

我想蔗埕文化園區十分很可惜的是，當時高鐵嘉義太保站，沒有同意挪出站前空地作為聯運月台，觀光鐵道路線沒有與高鐵車站共構連接，形成高鐵轉乘糖鐵的接駁路線，吸引太保站的旅客到此一遊，否則可以創造很大的觀光人潮。

蒜頭糖廠的木造車站，是不可或缺的參觀景點。

單位		蒜頭糖廠
時刻	平日	1000與1500固定
	例假	班次機動發車
區間		廠區路線
票價(元/人)		全100，半80，幼50，殘障者免費
地址		嘉義縣六腳鄉工廠村1號
電話		(05)3800741
機車		德馬A/B機車
備註		30人以上視為團體

蒜頭糖廠的小火車月台。

繞上園區一圈即將到站，蒜頭糖廠的觀光火車。

停用的製糖工廠，成為遊客觀光的動線之一。

廠區內環狀的觀光鐵道旁，還有一間小型木造的蒜頭車站。

昔日蒸汽機車的水罐車，今日成為園區澆水車，還有黃色的溪州牌柴油機車。

曾經作為台糖煞車軔機試驗的大型貨運篷車群，如今依然保存於糖廠內。

高鐵嘉義(太保)站，就在蒜頭糖廠的不遠處。

蒜頭糖廠的觀光鐵道，非常接近高鐵嘉義(太保)站，只可惜路線沒有與車站共構連接。

762mm

台糖烏樹林車站，370蒸汽機車牽引觀光列車進站。

　　台糖烏樹林糖廠具有相當悠久的歷史，鐵道起始於1944年6月16日，開辦的番社（東山）客運線。1946年12月今日烏樹林車站竣工，同年白河客運線開業，烏樹林遂成為新營、東山、白河三地重要的輻輳點，古老的木造車站，也一直保存到現在。不過，隨著台灣鄉鎮道路的發達，台糖小火車的客運逐漸沒落，1979年9月廢止客運業務，徒留古老的車站，發思古之幽情，成為電視劇鋤頭博士的劇場所在地，鐵路運輸隨之沒落。直到2001年12月22日首開先例，台糖「370號」蒸汽機車的正式復駛，12月29日舉辦「勝利號」五分車懷舊之旅，成為今日台糖觀光火車的先驅者，而台灣各大糖廠也隨之效尤。

　　今日烏樹林糖廠有三寶，包含烏樹林木造車站古蹟、370號蒸汽機車、勝利號柴油客車，尤其是蒸汽機車與柴油客車，皆為動態保存，十分難能可貴。在這裡除了烏樹林古老的木造車站之外，還有台糖的最完整的車輛博物館，您可以看到台糖最稀有的金馬號機車，以及最怪異的組合，順風牌機車牽引阿里山的客車，見證「糖林聯運」的鐵道一頁歷史。2010年3月，烏樹林園區還特別啟用的台灣國際蘭展車站，還有十分特別管狀雨簷的內埕車站，建立了今日烏樹林園區，無可取代的鐵道觀光與歷史地位。

列車與烏樹林車站對開，2010年3月啟用的台灣國際蘭展車站。

單位	烏樹林園區	
時刻	平日	1000與1430固定
	例假	0930~1600起每半小時發車；例假日1030為370蒸汽機車牽引班次
區間	烏樹林→新頂埤3km→內埕	
票價(元/人)	全100，半80，幼、老70，殘障者免費	
地址	台南縣後壁鄉烏林村184號	
電話	(06)6852681	
機車	德馬A/B、370號蒸汽機車	
備註	30人以上視為團體	

含勝利號(右)與巡道車(左)等台糖車輛，有系統地陳列於軌道上展示。

烏樹林車站以鐵道博物館的概念，將歷年台糖柴油機車展示排列。

勝利號汽油客車，是烏樹林的三寶之一。

烏樹林車站保存的兩部111號與109號巡道車。

台糖順風牌機車，牽引阿里山的客車，見證「糖林聯運」的鐵道歷史。

烏樹林車站裡面，連續兩個菱形交叉，也是少見的例子。

今日烏樹林將回程列車，停靠於內埕車站，管狀的雨簷十分特別。

新營糖廠的觀光鐵道　八翁線觀光火車

1067mm
762mm
gauge

新營糖廠的觀光火車，通過新營南端的急水溪橋，因為是1067mm/762mm軌距共用區間，混凝土橋樑的載重規模，幾乎跟台鐵的橋樑相同。

　　台糖火車站設有天橋是不多的，而新營糖廠是唯一的一個保存下來的車站，可以想見新營糖廠站區的軌道規模龐大。這裡鄰近新營糖廠的廠區，最具觀光價值的是這座珍貴的天橋，還有在站區裡面，就有很多的三軌路線，見證當年台糖與台鐵聯運的歷史。昔日由於這裡是南北線的樞紐，新營廠前站與東太子宮間的電氣路牌閉塞器，辦理列車的進站和出站作業，如今停駛之後全數展示於新營中興車站。新營糖廠是台灣今日極少數，大量保存1067mm/762mm 三線鐵道的廠區之一，也保存相當多各種型式的糖業鐵道車輛。

　　新營南端的急水溪橋，是今日少數保存 1067mm/762mm 三線鐵道共用區間橋樑，橋樑的載重規模和寬厚的橋墩，與一般糖鐵細小的橋墩相比，實在相去甚遠。尤其是果毅後車站更是罕見的新造糖鐵RC車站，可以看見 1067mm/762mm 軌距共用的區間。同時，2003年全新建造的木構造車站營長牧場站，是八翁線的觀光火車終點，建造得相當有復古的風味。

新營糖廠的八翁線觀光火車，從新營車站的月台即將出發。

單位		新營糖廠
時刻	平日	團體預約外停駛
	例假	0900～1600起每小時發車
區間		中興→八老爺4.6km
票價(元/人)		全100，半80，幼70，殘障者免費
地址		台南縣新營市中興路31巷4號
電話		(06)6324570
機車		德馬A/B機車
備註		30人以上視為團體

八翁線的觀光火車終點，2003年全新建造的木構造車站，營長牧場站。

八翁線的觀光火車通過果毅后旗站(號誌站)的風景，可以看見1067mm/762mm軌距共用區間。

台糖鐵道很少有跨站天橋，新營的中興車站卻有，可見得其規模之大。

昔日廠前站與東太子宮間的電器路牌閉塞器，展示於新營中興車站。

新營糖廠是台灣今日極少數，大量保存1067mm/762mm三線鐵道的廠區之一。

新營糖廠也保存相當多各種型式的糖業鐵道車輛。

佳里糖廠的觀光鐵道　五彩繽紛的世界

佳里糖廠的橙紅色 DIEMA 柴油機車(左)，與一般台糖 DIEMA 柴油機車(右)很明顯地不同。

佳里糖廠、麻豆糖廠與善化糖廠都在台南縣，因此佳里與麻豆糖廠的鐵道相連，而麻豆、善化的公路距離也很近，三個糖廠的鐵道宛若兄弟一般。在過去製糖的時代，佳里糖廠與麻豆糖廠的德馬柴油機車，與其他糖廠的顏色不同，是很特別的橙紅色，而有所謂的「紅色妖馬」的外號。

2005年起為了世界糖果文化節活動，佳里糖廠變裝的DIEMA機車群，在轉型觀光以後，是最為五彩繽紛的，從火車頭到火車廂皆然，宛若玩具一般可愛，是台糖鐵道獨有的彩色火車族群。而鄰近的麻豆糖廠，則保存優美的紅樓與古蹟建築，宛若歐洲一般的鐵道風情，為最大的景觀特色。

相較於佳里糖廠與麻豆糖廠的發展，善化糖廠則沉寂許多，也沒有觀光鐵道，不過有另外一番豐功偉業。善化糖廠的德馬DIEMA 175，2004年被送到英國威爾斯的Welshpool & Llanfair Railway保存鐵道站，善化糖廠的德馬DIEMA 185，2005年被送到法國的Chemin de Fer de Gautret (CFG) 私有鐵路。台糖小火車可以外銷歐洲，在這裡寫下台糖鐵道的歷史紀錄。

俗稱「紅色妖馬」的佳里糖廠 DIEMA 柴油機車。

佳里糖廠的2008年世界糖果文化節活動。

五彩繽紛的佳里糖廠客貨車群。

因應世界糖果文化節活動而彩繪的柴油機車。

變身成粉紅色而且漆上糖果圖案的柴油機車。

麻豆糖廠的紅樓與古蹟建築。

原屬善化糖廠的德馬185，外銷到法國的保存鐵道 Chemin de Fer de Gautret。
（蘇奕肇提供）

橋頭糖廠的觀光鐵道　台灣現代製糖的開拓者

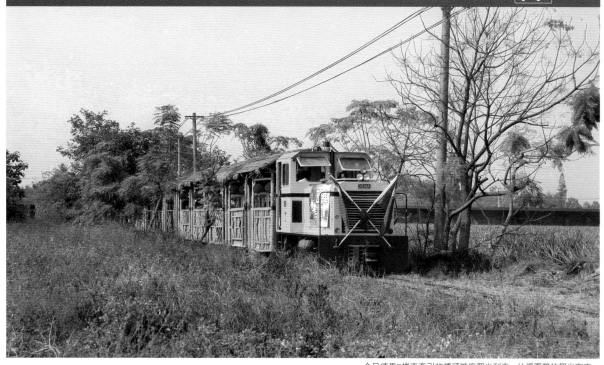

今日德馬B機車牽引的橋頭糖廠觀光列車，竹編圍籬的觀光客車。

　　橋頭糖廠不止是台灣第一座新式工業化的製糖廠，1900年誕生，包含最早台糖鐵道也是1906年從橋頭開始建設，1907年原料線開始通車。因此，橋頭的廠區裏面擁有最多的古蹟建築。橋頭糖廠過去的觀光列車，前後以溪州牌機車，一推一拉牽引為特色，而橋頭糖廠的客車廂，車頂覆以甘蔗葉，車身為竹編圍籬是最大特徵。不過，最後改以德馬B機車頭，用推拉式牽引。

　　不過，橋頭糖廠最大的特色，卻是台灣目前唯一的台糖鐵道，與捷運系統共構的車站「橋頭糖廠站」。雖然離台鐵橋頭站還有一小段步行距離，不過幾乎可以說是台灣唯一個三軌共構的台糖車站。在橋頭糖廠站搭乘762mm軌距的小火車，旁邊緊鄰平行的鐵道，是1067mm軌距的台鐵，頭頂的高架橋上運行的，卻是1435mm軌距的高雄捷運列車。由於該車站跟高雄捷運共構，因此是所有的糖廠車站之中，站體最為現代化的一個，成為最古老也最現代的綜合體。

高雄橋仔頭糖廠藝術村的看板。

單位		高雄橋頭糖廠
時刻	平日	團體預約外停駛　不對外開放
	例假	10:30～16:30，中午12:30時間除外每小時一班車
區間		高捷橋頭糖廠站→楠梓約1km
票價(元/人)		全票80，半票(團體)50，殘障者免費
地址		高雄縣橋頭鄉糖廠路24號
電話		(07)6128473
機車		德馬B機車
備註		30人以上視為團體

列車前後以溪州牌機車推拉式牽引，中間的客車廂，車頂覆以甘蔗葉，車身為竹編圍籬是最大特徵，這就是橋仔頭糖廠的觀光列車。

三線共構交會的鐵道奇景，全台灣僅此地獨有，高架橋是高雄捷運1435mm的軌距，右側是台鐵1067mm的軌距，橋頭糖廠鐵道本身是762mm的軌距。

橋頭糖廠內的景觀，整理完好的溪州牌機車與甘蔗車廂。

橋頭糖廠內超越百年的古蹟建築。

橋頭糖廠觀光火車的車站，其動線與高雄捷運的橋頭糖廠站相連接。

昔日以溪州牌機車推拉式牽引的觀光列車。

利用報廢的柴油機車引擎與零組件，完成2300公斤重的獨特藝術品「紅蟲」。

昔日行駛到精農站的觀光列車，連車站售票亭，都是竹編藝術的作品。

南州糖廠的觀光鐵道　台灣最南端的製糖鐵道

gauge 762mm

夕陽西下的南州糖廠，三部柴油機車並排在軌道上，夕陽無限好，只是近黃昏。

　　南州糖廠與橋頭糖廠，都是交通特別方便的台糖觀光糖廠，鋪有軌道與台鐵的車站相連。相較於其他糖廠，都是搭台鐵的火車就可以抵達，從台鐵的南州站步行就可以前往。從台鐵南州站的第二月台後方，還有與台糖聯運的三線軌道，以及複雜的轉轍器。而從南州糖廠的觀光列車月台向外看，這些762mm軌距鐵道的外面，即是台鐵1067mm的軌道。

　　今日南州糖糖廠內的觀光鐵道，繞上園區一圈回到原點大約3.2公里。2003年10月10日起，南州糖廠開辦之遊客開火車活動。雖然當時號稱全年無休，但是維持不到半年就走入歷史，而這些彩繪客車廂，就成為成為單獨的休息室。2005年7月16日新開張的南州糖廠觀光列車，也是維持不了多久又再度停駛，如今約3.2km廠區路線，除了團體預約外完全停駛，不對外開放。目前2013年糖廠觀光鐵路暫時停駛。

南州糖廠的假日人潮與花海。

單位		南州糖廠
時刻	平日	團體預約外停駛　不對外開放
	例假	以糖廠公告為準
區間		廠區路線約3.2km
票價(元/人)		全票80，半票(團體)50，殘障者免費
地址		屏東縣南州鄉溪北村永安路1號
電話		(08) 864-4081
機車		德馬B機車
備註		30人以上視為團體

從2003年10月10日起南州糖廠開辦「民眾DIY開火車」，這是開火車候車處。雖然當時號稱全年無休，卻維持不到半年就走入歷史。

火車、鐵道、煙囪、製糖廠區，台灣糖業鐵道在此地逐漸沒落，製糖廠業也即將日暮西沉。

以兩部德馬機車一推一拉運行，南州糖廠的觀光列車。

南州糖廠獨特的彩繪客車廂。

南州糖廠的觀光列車月台，762mm軌距鐵道的外面，即是台鐵1067mm的軌道，連結台鐵的南州站。

台鐵南州站的第二月台後方，還有與台糖聯運的三線軌道，以及複雜的轉轍器。

日本北海道丸瀬布町鐵道　台糖SL532

gauge 762mm

日本北海道丸瀬布町鐵道　台糖SL532

1928年製造的「雨宮21號」蒸汽火車，如今仍可以載客運行，為遊客們服務。

搭乘北海道的石北本線，來到丸瀬布站下車，再轉搭計程車即可以來到「丸瀬布いこいの森」。北海道以林業為主的丸瀬布町，在昭和初期為了運送木材，曾建立了森林鐵路「丸瀬布森林鐵路」，但是於1962年停駛。不過，1928年製造的蒸汽火車頭「雨宮21號」仍被完好保存，SL雨宮21號火車在此地輸送了30年的木材後退休，在1980年修復之後，該火車被稱為北海道的鐵道遺產。後來丸瀬布森林鐵道於1984年4月29日，正式轉型為保存鐵道對外開放。雨宮21號現在於「丸瀬布いこいの森」中運行，為遊客們服務。不過，蒸汽機車運行以例假日為主，平日以柴油機車運行居多。森林鐵道費用 SL 500日圓，DL300日圓。

由於這條鐵路因為是762mm軌距，也收集其他柴油機車與蒸汽機車，最負盛名者，是遠道來自台灣台糖的蒸汽機車532號，也陳列於此，多數日本人並不知道他的真實來歷，只是知道它來自西武山口線。這部532號火車與台糖527號，都是1920年代德國Koppel製造，運用於台灣溪湖糖廠，1984年一起被送到日本，在東京都的西武山口線上運行。後來西武山口線只留下527號，532號火車被二度轉賣，連同一批木造車廂，輾轉被送到北海道丸瀬布森林鐵路。這也是台灣台糖的蒸汽機車，來到日本離台灣「最遙遠」的地方。

台糖的蒸汽機車，流落到海外被一批有心人維護保存，實在叫這些坐擁行政資源的官員汗顏。我期待有那麼一天，台糖公司願意組團出國去探望他們，看看二、三十年前這些嫁

這是「丸瀬布森林鐵路」的車庫，台糖的蒸汽機車532號在右邊起第二部。

西武山口線的木造車廂35號，也跟著台糖的蒸汽機車532號，被送到這裡保存。

出去的女兒，即使一再轉賣「改嫁」，還能感受到來自台灣「娘家」的溫情，甚至以合作委託的方式出錢幫忙修復，因為這些真的是我們台灣的火車啊！

雨宮21號蒸汽火車調度運行的畫面。

這批德國 Koppel 蒸汽機車，第二動輪沒有輪緣。

台糖的蒸汽機車532號，溪湖糖廠的車籍徽章依舊保留，只是多了西武山口線的 Logo。

臂木式號誌機不但被保留，而且實際在運作。

台糖532號蒸汽機車的駕駛室，目前保存完好。

日本的三岐鐵道北勢線　近畿鐵道內部線

gauge 762mm

全球少數762mm軌距電氣化，日本三岐鐵道北勢線的風光。

日本的三岐鐵道北勢線 近畿鐵道內部線

　　762mm軌距電氣化，在全世界的例子真的很少，但是絕非沒有。經典實例以日本為最多，現今共有四條窄軌762mm軌距電氣化鐵道，尤其是以近鐵為代表，包含三岐鐵道北勢線、近鐵內部線、近鐵八王子線、黑部峽谷鐵道。而近鐵的內部線，從近鐵四日市至內部，長5.7公里，1912年（大正元年）10月6日開業迄今。而近鐵的八王子線，從日永到西日野，1912年（大正元年）8月14日開業，長1.3公里，也是日本最短的電氣化鐵道。不過這條路線，不幸在1974年7月25日，因為豪雨沖垮路基而宣告廢線，但是在三重縣居民的努力爭取之下，1976年4月1日，從日永到西日野長1.3公里恢復運行，不過因路線重疊，故從近鐵四日市到日永1.8公里，改名近鐵「內部、八王子」線。

　　另外一條762mm軌距電氣化鐵道，從西桑名站至阿下喜站長20.4公里，就是三岐鐵道北勢線。這條鐵路原本是屬於近鐵，不過在2003年4月1日，近鐵讓渡經營權給三岐鐵道，一天大約來回共90班車，電車約46分鐘跑完全程，彩繪車廂十分地可愛！其車廂內裝為長途通勤的雙排座椅，絲毫不會感到空間擁擠，而且裡面還有空調。火車以時速45公里速度前進，鐵道已經重軌化，沒有小火車的顛頗感，沿線許多車站是無人站，使用磁性車票與捷運的自轉門出入站，減低成本。有誰敢說利用台糖鐵道，作為鄉鎮的「區域鐵路」捷運化，是不可能的呢？

不要懷疑，雖然火車是762mm軌距，使用磁性車票與自轉門閘口，大眾捷運的服務介面與出入方式，一應俱全。

三岐鐵道北勢線的電車停靠西桑名站，這是一條762mm軌距電氣化鐵道。

西桑名站門口，有關三岐鐵道北勢線的告示牌。

小火車貼上不動產的廣告，彩繪車廂十分地可愛！

車廂內裝為長途通勤的雙排座椅，絲毫不會感到空間擁擠，而且還有空調。

由於是電氣化的輕便鐵道，火車輕鬆爬上千分之40的大坡度。

車廂採用自動聯結器，以及氣軔管連結的煞車體系，運轉設備完全地現代化。

軌道上方有高壓電線，成就762mm軌距電氣化的少數實例。

近鐵「內部、八王子」線的火車與四日市的月台。

小火車的駕駛室完全地現代化，包含ATS自動煞車系統都一應俱全。

英國動態保存的台糖火車

台糖德馬A的柴油機車，牽引英國的客車行駛於威爾斯，不止是教人感慨，更是教人感到十足的震撼！

台糖也能外銷火車至歐洲，您相信嗎？

英國的保存鐵道，全球知名，尤其是輕便鐵道的保存體系，數目相當地多。因此原屬善化糖廠之DIEMA 175，已於2004年3月5日啟程前往英國，同年4月18日抵達英國威爾斯的Welshpool & Llanfair Railway保存鐵道，DIEMA 175停放在的Llanfair Caereinion 站，成為英國保存鐵道的一員。這條鐵路屬於762mm軌距體系，1903年開業，1956年一度關閉，1963年以保存鐵道的角色重新復出。

無獨有偶的，原屬善化糖廠之DIEMA 185，也已於2005年6月間啟程赴法國，送到靠近Bordeaux的Saint Girons d'Aiguevives的Chemin de Fer de Gautret (CFG) 的一條私人經營鐵路，台糖火車外銷除了日本之外，還多了英國與法國。其實保存鐵道的機制，在歐洲行之有年，只是台灣一直都沒有推行，而讓小火車隨著產業沒落而自然淘汰，十分地可惜。如今台糖外銷德馬機車到歐洲，雖然有些捨不得，但是能有好的歸宿，送他遠渡重洋保存，仍是教人滿心祝福。

（本單元圖片特別感謝蘇奕肇的街貓網站提供）

台糖的德馬牽引英國的客車，停靠在月台上。

台糖德馬A的柴油機車，偶而也會牽引工程車。

昔日台糖德馬A的柴油機車，經由海運貨櫃下船，被卡車送到威爾斯高地鐵路的歷史鏡頭。

英國費斯汀尼的鐵道

威爾斯的荒野中，小火車踽踽獨行，駛向遠方。

您可知道在英國有一個小火車的樂園嗎？每部輕便鐵道小火車都有他自己的名子，幾乎就跟湯瑪士小火車的世界一樣，這條就是威爾斯的費斯汀尼鐵路 Ffestiniog Railway。從 Blaenau Ffestiniog 到 Porthmadog，路線全長13.5mile，軌距僅僅只有597mm，1836年通車，可以說是全世界最早的窄軌版登山鐵路。這條非常特別的輕便鐵道，在 Campbell's Platform 車站外，還有一個螺旋線鐵路隧道 Spiral tunnel，跟阿里山的獨立山螺旋一樣，以及路線上兩個大彎 U-turn，蒸汽火車就牽引紅色車廂一路爬升翻山越嶺，終點抵達威爾斯 Porthmadog 的港灣，您可以看見不同世代的窄軌客車廂。

不過英國的蒸汽火車，往往就是一個大家族，有各自的名字與特色，例如前後有兩部蒸汽機車，火車動輪機構拆成前後兩段，中間好似連體嬰相連的 double engine 版，稱為 Fairlie's Patent。尤其是Fairlie 在世界蒸汽火車史上是稀有族群，這種火車就是英國威爾斯這裡的特產呢！

費斯汀尼鐵路的 BLANCHE 蒸汽火車，正在車庫前生火待發。

雖然軌距只有597mm，但是軌道升級重軌化每公尺50公斤，簡直是 N Gauge 模型鐵道的實境放大版。

這款 double engine 中間好似連體嬰相連的蒸汽火車，稱為 Fairlie's Patent，保存於英國約克NRM國家鐵路博物館。

林業鐵道篇

軌距 762mm

傲視東亞聲名遠播　台灣的林業鐵道
繁華落盡　台灣的三大林場
碩果僅存　阿里山森林鐵道的車輛概述
蘭陽之美　羅東的森林鐵道
悠遊山林　太平山森林鐵道
其他保存的森林鐵道遺址
國外特輯　前瞻與思考

阿里山森林鐵路是
台灣林業鐵道最具
代表性的成就，水
山線蒸汽機車。

傲視東亞聲名遠播　台灣的林業鐵道

昔日土場的羅東林鐵蒸汽火車，屬於昔日太平山鐵道體系。

　　日治時期的台灣林業鐵道，是台灣伐木產業集散的運輸通道，最負盛名者即是阿里山、太平山、八仙山森林鐵路，是官營體系的三大林場。其他的非官營體系，為若干民間會社，自力開發的森林鐵道，又以台灣東部森林鐵路的木材產量為最，包含有哈崙山地鐵道、嵐山山地鐵道、林田山森林鐵道，這三條最具規模，以上六條森林鐵路，成為台灣最主要的森林鐵道；儘管路線分布南北，都統一是762mm軌距鐵路。無可諱言的，阿里山森林鐵路在台灣林業鐵道的領域，堪稱為高難度的運輸體系，包含之字形與螺旋線讓火車登山，創造令人驚異的海拔高度。眠月線的塔山站，曾是日本帝國的鐵道最高點，海拔2346公尺，後來的哆哆咖線終點更高達海拔2584公尺，成為台灣鐵路歷史上的最高點。

　　然而，台灣林業鐵道只有阿里山森林鐵路，是以「登山鐵道」的方式去集材，運輸量大為其優點；而其他所有的體系，則是以「索道」的方式去搬運木材。雖然，後者木材的材積與長度，受限於運輸工具比較縮小，然而在運送的效率上要快很多，這也是後來太平山的木材產量，超越阿里山的原因。不過在伐木產業結束之後，登山鐵道還可以延續其壽命，以觀光鐵道的角色再出發；但是「索道」由於安全的緣故，卻失去其再利用的發展性，只能殘存一小段蹦蹦車鐵道去做觀光，今日太平山鐵路就是典型的例子。

　　如今，回顧台灣日治時期的三大林場，八仙山鐵路1963年結束，最早走入歷史，遺址幾乎已經不存在；太平山鐵路只

保存鐵道文化資產是發展林業觀光的重要利基，阿里山森林鐵路鹿麻產站。

保存山地路段的蹦蹦車鐵道，其規模最大的平地段也在1979年8月停駛。而阿里山森林鐵路，仍維持有客運火車行駛的榮光，不過在2009年的八八風災之後重創，正積極修復，百廢待舉。其他已經失去路線的森林鐵道，例如太平山下的羅東森林鐵道、花蓮的林出山森林鐵道，目前都是保存鐵道文化資產，去發展在地的觀光，成為這些殘存森林鐵道最後生存的利基。

整修好的林田山森林鐵道木棧橋，此地成為林田山林業文化園區。

繁華落盡　台灣的三大林場　河合鈰太郎的遺憾

阿里山森林鐵路，是世界級的登山鐵道，竹崎站蒸汽火車即將啟航。

在日本的歷史裡面，有關阿里山早期的開發，總是會提到河合鈰太郎，然而談到阿里山鐵路的建設與運作，河合鈰太郎的角色，似乎總是被淡化或忽略掉了，似乎他沒有直接的貢獻。因為，河合鈰太郎主張用美國「森林鐵道」的作業方式去開發阿里山，以「登山鐵道」的方式去搬運木材下山，因此鐵道鋪設的成本很高，但是可以搬運材積較大的木材，尤其是長度較長的珍貴紅檜。這也是台灣其他林場無可相比，只有阿里山最好的原木，被大量送往靖國神社使用。

然而，日治時期的台灣三大林場，後續太平山與八仙山的開發，竟然完全不用河合主張的「登山鐵道」的方式去搬運木材，而是以「索道」的方式去集材。雖然木材的的材積與長度都比較縮小，然而運送的效率要快很多，這也是後來太平山的木材產量超越阿里山的原因。包含後續花蓮的太魯閣（嵐山）、木瓜山、林田山都採用這樣的方法，甚至日本內地對於森林鐵道的作法也是相同，即使最具規模的木曾森林鐵道，最多也止於太平山鐵道的規模而已。

因此，不論是台灣或日本，河合鈰太郎的傑作僅止於阿里山森林鐵路一條，空前絕後；如果阿里山森林鐵路是十分偉大的，為何後來大家沒有沿用河合的技術，起而效尤，河合的功績僅止於阿里山鐵路一條呢？

歷史的謎團，不難找出答案。關鍵就在於當時河合鈰太郎想要打造的，不是一條森林鐵道而已，而是一條世界級的登山鐵道。甚至，河合鈰太郎的木質是熱愛大自然與山林的，

日治時期的台灣三大林場之一，太平山鐵路，土場的羅東森林鐵道保存火車。

太平山森林鐵路的開發，已經完全不用河合博士那一套，而是以「索道」的方式去集材。這是今日太平山茂興線保存的木構橋。

他反對大量伐木，對於山林的過度開發更是深痛惡絕。對於當時的說法，表彰他是阿里山開發的功臣，他不止不以為然，甚至感到羞愧，也為此留下遺憾，抑鬱而終。對於這段阿里山的鐵路歷史，幾乎大家都有了錯誤的見解，以下這段故事，讓我們還原歷史真相。

歐洲螺旋線的濫觴　河合鈽太郎的夢想

河合鈽太郎1865年6月15日出生於名古屋，1890年畢業於東京帝大農科大學（今日農學部）林學科。東京帝大畢業後前往德國與奧地利留學深造，探究西方先進國家的森林開發與經營制度。在那段留學期間，巧遇由前來歐洲考察的「後藤新平」，也就是後來的台灣總督府鐵道部部長。河合鈽太郎與後藤新平，兩人對於鐵道都有相同的愛好；他們很快地發現當時的新潮流，十九世末的歐洲正流行修築登山鐵道，尤其是德國、瑞士與奧地利，有很多螺旋線（Loop/Spiral）被大量運用，可以改善之字形登山所產生的瓶頸問題。例如瑞士貫穿阿爾卑斯山的聖歌達線，有很繁複的螺旋線，1882年通車；德國南部黑森林的螺旋線，1890年5月20日通車；瑞士邊境的阿布拉線，全球最複雜的螺旋線也正在施工中。

河合與後藤兩人幾乎都認同，對於克服地形與海拔高度，螺旋線Spiral雖然工法複雜，需要非常精確的測量，但是鐵道運輸效率遠高於齒軌Rack Rail。其實齒軌於1869年才被發明，當時日本的信越線橫川至輕井澤，1891-1893日本第一條齒軌才完成。不過日本本國並無螺旋線的鐵道，也沒有大規模的森林鐵道與登山鐵道，然而在印度大吉嶺山區，在1881已經完成一條大規模的登山鐵道 DHR。因此，河合鈽太郎的夢想，是能夠完成一條類似像歐洲那樣，具有螺旋線的登山鐵道，可惜當時的環境尚未允許，他後來的著作「測量學」，不難發現他的個人喜好。

1895年甲午戰爭之後台灣成為日本的領土，1897年，河合博士學成歸國，擔任東京帝大林學科森林利用學之教授。1899年在台灣的阿里山發現大量的原始森林，其材積蘊藏量與品質遠比日本內地為佳，該調查呈報總督府殖產局，這件事讓河合感到喜出望外，這是他實現這個願望的重要機會。巧的是1900年起，後藤新平擔任台灣總督府鐵道部部長，他當然也將這個機會給了河合鈽太郎。1902年5月，河合博士奉台灣總督府特命，由嘉義經公田、達邦、十字路，首度進入阿里山。初步探勘後認定林相優秀、蘊藏豐富，河合力主應用美式鐵道運材方案開發，其實河合是以開發森林之名，行建登山鐵道之實。這份首勘報告，讓後藤新平下達開發阿里山的決策，1903年河合博士展開選線調查規劃，今日阿里山的獨立山螺旋線規劃，就是當年所誕生。今日回顧百年以前，獨立山螺旋線的複雜度，僅次於瑞士阿布拉螺旋線，堪稱全球頂尖的傑作，這麼高難度的設計，沒有足夠的專業測量背景是難以完成的。

阿里山鐵路誕生的時代背景

不過，河合博士的夢想之路，似乎還很遙遠。從嘉義到阿里山，海拔高度落差超過2000公尺，這樣遠的距離，這麼大的落差，連日本內地開發森林，都是從來沒有過的經驗。尤其是螺旋線這個構想，不但路線測量必須精確，而且必須鑿大量的隧道，耗時費力不說，造價成本很高。當時總督府鐵道部就出現很多反對的聲浪，例如鐵道部原始規劃獨立山鐵道，是用之字形或齒軌鐵路爬山。包含當時參與規劃的長谷川謹介，都認為這條鐵路不論用何種方式登山，造價成本超過四百萬日圓，當時開發山林希望能節省成本，這也是無可厚非的。因此1904年，河合博士所主導的阿里山森林開發案，送日本國會審議首度遭到否決。

阿里山森林開發案被否決，歷史紀錄表面上說是因日俄戰爭財政緊縮，事實上台灣的山林開發成本，與日俄戰爭的並無直接關聯。其實是台灣總督府鐵道部，帶有鐵道的本位主義，並不是很喜歡河合博士，認為他專長是森林學，卻對鐵道有這麼多意見？尤其是搞不懂他為何要用這麼高的成本去蓋鐵路。其實，河合博士對於螺旋線的引進，真的是時代先驅，後藤新平雖然幫不了河合博士，卻讓他的專業意見有實現的機會；日本第一條結合螺旋線與之字形兩種工法的登山鐵道，是1909年完工的九州肥薩線，後藤新平當時升到鐵道院總裁，在海拔最高的矢岳隧道南口題匾「引重致遠」。因此河合博士對獨立山螺旋線規劃，是全日本最早的，1903年用在阿里山鐵路，甚至是全亞洲第二，僅次於1881年通車的印度大吉嶺鐵路 DHR。百年之後回顧，全世界同時結合螺旋線與之字形兩種工法的登山鐵道，世界上只有三條，印度大吉嶺鐵路，九州肥薩線，以及台灣的阿里山森林鐵路。河合博士真的是功不可沒！

無可諱言的，阿里山森林開發案真的是成本太高了，國會審議遭到否決，當然，河合博士只好尋求民營的方式去解套，透過民間開發去支持他的理想。1906年2月阿里山森林開發案終於通過，委由大阪「藤田組」負責開發，1906年7月9日嘉義至竹崎開始施工，也是台灣最早的762mm軌距輕便鐵道開始運行，1907年10月25日獨立山螺旋登山路段正式完工，河合博士的夢想似乎完成了一大半。不過，卻留下了重大後遺症，鐵道才鋪設一半就花掉所有預算；而且為了減少工程經費，河合博士規劃以762mm軌距輕便鐵道去鋪設，後來日本以1067mm鐵道作為國鐵的主體，762mm軌距的鐵道地位大幅度滑落，以至於阿里山鐵路長達七十多公里，昭和午間總督府收購私鐵被排除在外，也註定了後來坎坷的命運。

民營化功敗垂成　民營再度轉變為官營

1907年4月20日藤田組重新評估發現，鐵路只修築至梨園寮，僅只完成三十多公里之際，即已經耗資130餘萬元，如果還要繼續興築至阿里山，尚需投入150多萬元。這項評估令藤

田組懷疑是否繼續興築至阿里山的可行性？未來投入經費、工程艱鉅之變數以及伐木所得之利潤能否平衡？於是1908年2月11日藤田組宣佈，阿里山森林開發案正式中止，總共耗資1,312,772元，無奈地阿里山鐵路的修築，暫時停頓了下來。河合博士過度樂觀的預估不幸被言中，當年也是台灣縱貫鐵路通車之年，阿里山鐵路竟然沒有完成，聯運系統功敗垂成，阿里山的木材無法開發下山，河合博士被藤田組責難，是可想而知的，當然打落水狗的還有台灣總督府。因為，台灣總督府鐵道部原本就不喜歡河合博士，認為他太過理想化，尤其是長谷川謹介的延長速成主義，實在跟河合那一套曠日費時的登山鐵道想法不同，1909年之後，河合博士的角色就逐漸被淡化了，他不再有主導權，最多只是個顧問而已。

不過，奇蹟總是在絕望中發生，就在藤田組因財力不足而告放棄最後的兩年裡，日本林業相關長官曾多次視察阿里山鐵路，對於未能完成半途而廢感到惋惜！其中尤以日本的宮尾殖産局長為最，認為其實再多花一點錢，把阿里山開發完成不就好了嗎？遂行提議「阿里山森林開發官營案」復活，再次送國會審理，盼能收買藤田組既有完成路段並繼續興築。幾經波折，在1910年2月12日終於由日本國會通過，由殖産局接手開發阿里山。原本藤田組要求補償金208萬元，後來僅核發藤田組120萬元的補償金，於該年與次年兩次攤還，正式收回官營。外加創業費約240萬日圓，總計360萬日圓，全面開發阿里山。1910年4月16日阿里山作業所正式成立，阿里山鐵路的修築，又重新展開。原本官營變為民營又再度轉變為官營，前後延宕六年之久，可謂一波三折，好事多磨。

爾後，在阿里山作業所的完全主導之下，阿里山鐵路終於在1912年12月25日從嘉義通車到二萬坪，開啟了阿里山鐵路百年的歲月。然而，河合博士已經完全失去影響力，不同的意見衝突持續在發生。例如從屏遮那以上的連續之字形登山路段，坡度太大有其風險，河合博士表達反對，他傾向於繞過二萬坪下方比較不穩定的山坡面，可是阿里山作業所希望鐵路能夠「速成」，因此對於河合的看法置之不理，乃至於後來1914年二萬坪翻車事故，河合博士的愛徒進藤熊之助，不幸因為試車事故而往生，對於河合博士是很大的打擊。今日回顧阿里山鐵路的選線，河合博士規劃的坡度較小，尤其是奮起湖以前，坡度約略在千分之50（1/20），比較接近歐洲登山鐵道的規模，但是後來阿里山作業所的規劃，為了速成與經濟，卻大幅提高到千分之62.5-66.7（1/16-1/15），尤其是加入了之字形 Switch back，增加了後來的作業風險，2003年的0301嚴重事故，也發生在此一路段。其實，這也間接驗証了河合博士當年的遠見。

河合的悲傷　揹起山林開發之罪

總之河合博士的概念是建造一條成本高，坡度較小，永續

經營的世界級登山鐵道，雖然是以開發森林為名義，但是林木的產量對他來說，並不是那麼重要。反而，總督府的阿里山作業所，也就是後來的營林所，則是奉行「延長速成」主義，希望減少成本，坡度大無所謂，以開發森林為主要目的之森林鐵道，是不是可以永續經營，並不是官方所關心的。因此阿里山鐵路完工之後，為了能夠符合投資成本，阿里山作業所大量砍伐珍貴的阿里山林木，從大正時期的老照片，可以看到運材火車浩浩蕩蕩，通過眠月線鐵路的木棧橋的風景。後來又適逢第一次世界大戰期間，台灣的出口暢旺，經濟起飛，紅檜扁柏等珍貴林材被過度濫墾濫伐，河合博士也非常難過！更不用說在河合過世之後，1935年開始因應日本準備戰爭之需要，台灣森林的開發與保育造林的機制被破壞，所造成的山林與生態浩劫。因此歷史上只要提到阿里山，河合博士也就默默揹起山林開發之罪。

河合本身是學森林學，他對於植物瞭解也熱愛山林，可是他卻不幸生長在一個農業經濟的時代，大量砍伐林木，奪取山林資源，他真的不以為然。所以後來總督府營林所繼續開發太平山與八仙山，完全不用河合博士那一套，而是以「索道」的方式去集材。雖然木材的材積與長度都比較縮小，然而運送的效率要快很多，而且開發快，成本少。這也就是台灣阿里山森林鐵路只有一條，後來更永成絕響的原因。

以下我們再次回顧這段歷史，相信會有不同的感受：

日治時期的阿里山鐵路眠月線木棧橋，運材火車通過浩浩蕩蕩的風景，如今已不可復尋。（大正九年寫真帖）

八仙山森林鐵路，曾經為台灣三大林場之一。（林務局提供）

八仙山森林鐵路俥用伏地索道的體系利用索道將木材運送下山。（林務局提供

繁華落盡　台灣的三大林場　河合鈰太郎的遺憾

索道運材是比較高效率的運送方式，後來太平山與八仙山森林鐵路的開發，都改採用這樣的作法，已經完全不用河合博士設計「登山鐵路」那一套。（林務局提供）

今日阿里山河合博士的旌功碑。

今日太平山的蹦蹦車，穿梭於森林之中，其規模與阿里山相去甚遠。

阿里山森林鐵路的百年傳奇關聯性

1. 1899年 日本小池技工 發現阿里山森林資源
   1999年 921大地震 阿里山重創 眠月線受創迄今
2. 1903年 河合鈰太郎博士 規劃登山鐵道選線落定
   2003年 3月發生大車禍 種下政府民營化的因子
3. 1906年 日本國會敲定民營化開發
   2006年 行政院農委會決定民營化
4. 1906年-1908年民營化施工 經費不足 功敗垂成
   2006年-2008年民營化籌備 宏都接手 資金困難
5. 1908年-1910年以開發森林為目的 總督府重新會勘開發
   2008年-2010年以蓋大飯店為目的 宏都公司來接手經營
6. 1910年-1912年台灣總督府接手修築 1912年正式通車
   2010年-2012年政府收歸國營來修復 2012年慶祝百年

1906年藤田組探勘阿里山鐵路時，開發阿里山的功臣琴山河合博士，至石鼓盤溪考察林木。有一天躺在大石上，見明月緩緩爬上山頭，四周盡皆參天古木，內心對此一天然絕景感歎不已，聽流水淙淙，思天地之幽情，久久不能成眠。而事隔十三年後，1919年當他再次回到昔日夜宿的地點，發現昔日參天古木早已砍伐殆盡，童山濯濯，滿地是砍伐等待運載的巨木，心中不禁十分感傷，而寫下這首詩：

斧斤走入翠微岑，伐盡千年古木林，
枕石席苔散無蹤，鳴泉當作舊時音。

為了紀念當年眠於月下，與大自然和諧共處的天地情懷，就將此地取名「眠月」，並經後人流傳下來，這就是眠月地名的由來。

河合的悲傷，不止是這條鐵路是他一手規劃，卻是在別人的手中完成，自己的構想，竟成了別人的功勞；還有森林的濫伐，別人的經濟利益，竟成為他必須背負的罪過，成為他最後不可承受之痛。後來他離開台灣回到日本，繼續在東京帝大教書，1926年從東京帝大退休，1931年3月14日在家中辭世，享年67歲。他的手稿留下了許多他的遺憾，卻是歷史所未能察。1933年2月3日，由他的朋友京都帝大文學教授撰書，紀念碑在阿里山樹立，舉行揭幕儀式。這塊石碑正面文刻書「琴山河合博士旌功碑」，但「博」字少一點、「功」字的力邊刻成「刀」，「傳說」河合氏謙沖不敢居功，遺言如有任何對他個人的尊讚，不敢承受，其實是無可承受的心靈之痛！後來阿里山因為濫砍濫伐，造成人心惶惶的事故，1935年樹靈塔豎立在他的旌功碑旁邊，讓他慈悲的山林之愛，鎮住了這森林開發的幽靈怨氣。

世界級的登山鐵道在台灣

西元1914年，當這條鐵路終於完成嘉義至阿里山，1915年延長到眠月塔山時，海拔2,346公尺的塔山站，成為日本帝國的鐵道最高點。它是東亞第一的登山鐵路，海拔高度都超越印度大吉嶺鐵路，塔山站還設有「我國鐵道最高點」的紀念碑，成為日本國力的榮耀與表徵，也是全球少見的長距離窄軌登山鐵路。但是後來日本政府並沒有珍惜這項成果，讓他繼續委身在營林所之下，只是用來開發森林而已，東亞第一的登山鐵路並沒有獲得應有的彰顯和地位，更甭說台灣光復以後的後續發展了。

河合博士的最終願望，不過就是還原阿里山鐵路它的應有地位，他是東亞第一的登山鐵路，直到現在祝山站海拔2451公尺，依然是亞洲最高的窄軌登山鐵道。當年的瑞士阿布拉線與印度大吉嶺鐵路，都已經榮登世界文化遺產，阿里山鐵路仍在垂死邊緣掙扎，讓我們努力讓阿里山鐵路與世界知名登山鐵路結盟，同享其榮耀，有朝一日可以榮登台灣第一個世界遺產，如果最後能有這樣的結果，也許讓河合博士在天之靈，終能了無遺憾吧！

阿里山鐵路的蒸汽機車

762mm gauge

阿里山森林鐵道28噸的蒸汽機車 Shay，26號在1999年復活首開先河。

現今阿里山鐵道的火車之中，Shay Geared Locomotive「直立式汽缸齒輪式」蒸汽火車，一直保有它迷人獨特的魅力。從阿里山鐵道施工時期開始，Shay 一直扮演著阿里山運輸的重要角色。雖然它只是為伐木而生產的齒輪式火車，並且曾經退休多年，然而它的吸引力，始終成為眾多觀光客的矚目焦點。

基本上，阿里山鐵路共有兩種 Shay 的型式，一種是18噸級 Shay，1910-1912年生產，專門用於平地段與阿里山的林場線，目前仍等待修復；另一種是28噸級 Shay，1912-1917年生產，專門用於登山路段，已經修復25、26、31號三部。25號蒸汽機車配屬嘉義北門車庫，31號蒸汽機車配屬阿里山車庫，是當前阿里山鐵路觀光列車的重要主角。

阿里山森林鐵道18號在奮起湖，18噸的蒸汽機車Shay，目前尚未有復駛先例。2011年林務局同意敝人的建議，正計畫復駛17號蒸汽機車。

阿里山18噸的蒸汽機車，曾經是阿里山林場線運輸的主力，阿里山沼平站。（蘇昭旭畫）

阿里山蒸汽機車保存情況之比較表

種　　類	18噸 SHAY	28噸 SHAY
車輛編號	12-18號	21-32號
製造年代	1910-1912年	1912-1917年
製造廠名	Lima, Ohio, USA	Lima, Ohio, USA
齒 數 比	3.071	3.071
動輪直徑	26.5"	27.5"
汽缸規格	2缸，缸徑7"x行程12"	3缸，缸徑8"x行程10"
水箱容量	730加侖	850加侖
燃料容量	96立方英呎	160立方英呎
保存狀況	現存七部　一部在澳洲 報廢消失一部11號	現存十部　全部在台灣 報廢消失兩部27號、30號

阿里山鐵路18噸 Shay蒸汽機車

16號蒸汽機車，保存於花蓮縣池南森林遊樂區。　13號蒸汽機車修復後的樣貌。

12號蒸汽機車，暫時停留於阿里山新站第7股道。

13號蒸汽機車，2009年起保存於嘉義北門車庫，完成修復之前的原貌。

14號蒸汽機車，保存於澳洲 Puffing Billy Railway，Belgrave 窄軌鐵道博物館。（楊肇庭攝）

15號蒸汽機車，1993年8月23日不幸在北門修理工廠火災中遭到焚燬。

17號蒸汽機車，原展示於阿里山沼平車站火車旅館內側，後來該旅館因宏都案被拆除之後，2008年9月10日起暫時移置於阿里山新站第7股道。

18號蒸汽機車，保存於奮起湖車庫。

阿里山鐵路 28噸 Shay 蒸汽機車

23號蒸汽機車，陳列於北門車庫，與木造客車廂連結展示。

阿里山鐵路的蒸汽機車

21號蒸汽機車，1975年除籍移撥嘉義縣政府，如今展示於嘉義市中山公園。

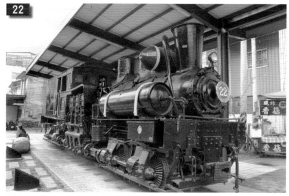

22號蒸汽機車，1978年除籍撥交三軍大學，921大地震以後展示於集集車站前。

24號蒸汽機車，原展示於阿里山舊站火車旅館，旅館拆除後，2008年9月10日移至阿里山新站第7股道。

25號蒸汽機車，目前配屬北門車庫，2006年9月15日改為燃油鍋爐宣告復活，是復駛的第三部。

26號蒸汽機車，目前配屬北門車庫，1999年2月27日以燃煤方式首開先例復活。

29號蒸汽機車，舊起湖車庫保存展示。

31號蒸汽機車，目前配屬阿里山車庫。2005年1月1日改為燃油鍋爐宣告復活，是復駛的第二部。

28號蒸汽機車，2000年贈送給台鐵，目前陳列於苗栗鐵道公園。

32號蒸汽機車，1999年2月20日為竹崎鄉公所借用。現今保存於竹崎鄉牛稠溪畔的親水公園。

26號 Shay　動態保存　蒸機復駛的第一部

gauge 762mm

26號蒸汽機車，1999年2月27日復活，是阿里山鐵路 Shay 蒸機復駛的第一部，2002年12月在奮起湖牽引阿里山號。

　　1998年6月9日，台鐵復駛第一部蒸汽機車 CK101，當時轟動國際媒體，整個社會對於蒸汽機車復駛，有很高的評價。於是在整個社會的氛圍已經逐漸成熟之下，林務局立即於同年年底，著手修復狀況較佳的26號蒸汽機車。1999年配合嘉義市文化局於舉辦「森林鐵道傳奇」活動，2月27日26號蒸汽火車在北門站宣告正式復活。這是台灣輕便鐵道在1990年代，全面停駛蒸汽機車之後，首度復駛的蒸汽機車，也是台灣第一部復駛的762mm軌距蒸汽機車。

　　26號蒸汽機車不止是最早復活的一部，也是現今阿里山復駛機車族群的中，唯一仍使用「燃煤鍋爐」的蒸汽機車。由於燃煤的蒸汽機車有環保的問題，因此在2004年以後，除非有特殊節慶活動等情形，例如大井川鐵路姐妹鐵道來訪，否則很少看到它生火的活動。儘管如此，26號蒸汽機車無論是否仍有活動，它的首度復駛，已經建立起不朽的里程碑。

（有關詳細資料請參閱阿里山森林鐵道1912-1999車輛篇）

26號蒸汽機車屬於28噸級，有三個直立式汽缸。

26號蒸汽機車仍維持燃煤鍋爐方式，美規的右側駕駛座，與台灣多數日本蒸汽機車左側駕駛不同。

25號蒸汽機車，2006年9月15日宣告復活，搭配當時鹿麻產啟用等活動，是阿里山鐵路 Shay 復駛的第三部。

25號蒸汽機車目前配屬北門車庫，為嘉義平地段與局部登山路線專用。

25號蒸汽機車改為燃油鍋爐，水櫃下方可以明顯看到加油口與油箱。

有鑒於26號燃煤的蒸汽機車，有環保問題難以運用的困擾，於是在2005年，林務局選擇在嘉義北門的25號蒸汽機車，由仕佳興業比照31號的模式，進行大幅度的改造。2006年9月15日，搭配當時鹿麻產木造車站啟用等活動，25號牽引檜木車廂開始營運，是阿里山鐵路復駛的第三部 Shay 蒸汽機車。為了符合環保的要求，25號蒸汽機車直接改裝重油鍋爐，在後方水櫃下方，可以明顯看到加油口與油箱，尾端的傘型齒輪還裝置速度計，這是Shay的原始設計所沒有的。

25號蒸汽機車在運用角色上，有取代26號的用途，目前配屬嘉義北門車庫，經常使用於嘉義至竹崎平地段，以及低海拔的登山路段。在阿里山鐵路尚未民營化之前，2007年7月15日，曾經擔負嘉義至竹崎間，例假日蒸汽火車牽引檜木車廂定期營運，直到2008年3月才停駛。寫下台灣二十一世紀，阿里山鐵路蒸汽機車「定期」客運的歷史記錄。

尾端的傘型齒輪還裝置速度計，這是 Shay 的原始設計所沒有的。

31號 Shay　動態保存　阿里山的支線專用

31號蒸汽機車是阿里山鐵路 Shay 復駛的第二部，2005年1月1日改為燃油鍋爐宣告復活，花季的阿里山鐵路經常可見它的芳蹤。

　　今日阿里山森林鐵路已經修復25、26、31號，一共有三部 Shay 蒸汽機車：26號蒸汽機車首開先河，是最早復駛的一部，31號蒸汽機車緊接其後，是最早重油鍋爐改造實驗的蒸汽機車，而25號蒸汽機車，則是最終復駛的一部。2004年起，阿里山鐵路以31號蒸汽機車進行實驗，捨棄原始燃煤鍋爐的方式，由仕佳興業負責製造重油鍋爐，進行若干大幅度的改造。當時，在許多都登山路段進行測試，確認31號蒸汽機車的推力，絕對可以自力登山。這是屬於台灣輕便鐵道的一項成就，也改寫了美國Shay蒸汽機車的發展歷史。

　　2005年元月1日，31號蒸汽機車正式成功復駛之後，不止是蒸汽機車復駛，2005年底啟用的台灣檜木車廂，則以蒸汽火車搭配檜木車廂營運，創造懷舊氣息濃郁的森林鐵道風情。目前阿里山蒸汽機車31號配屬阿里山車庫，用於神木線、沼平線、祝山線，是阿里山鐵道花季相機獵取的主角，未來更將用於恢復營運的水山線與眠月線，堪稱是阿里山鐵道火車的目光焦點。

31號蒸汽機車目前配屬阿里山車庫。

31號蒸汽機車以行駛阿里山支線居多，包含神木線、水山線、眠月線、祝山線，這是它難得一見行走水山線的身影。

阿里山鐵路的內燃機車

阿里山第三代柴油機車 DL-27，行駛於美麗的眠月線。

阿里山鐵路最早使用的內燃機車，應該是在日治時期，日本加藤 KATO 工廠，1926年製造的7噸內燃機車，原使用汽油引擎，後來改為柴油引擎，專門用於林場線的木材輸送，今日保存於北門車庫園區。戰後國民政府播遷來台，在1953年，首度出現第一代25噸級的柴油機車，有三個動輪的11403-1-2；以及1955年，第二代25噸級的柴油機車，有獨立轉向架構造的11403-3-5。以上這五部雖然早已經淘汰，但是這些阿里山退役的柴油機車，卻見證台灣早年輕便鐵道，鐵路動力柴油化的歷史，堪稱是阿里山鐵路的國寶。

今日阿里山鐵路的營運，以柴油機車為主力，如今還在使用的柴油機車，都是1969年之後進口的柴油機車，可分成25噸級與28噸級兩種。包含1969年起的第三代柴油機車DL25-30，1972年起的第四代柴油機車 DL31-34，日本新三菱重工製造，都屬於25噸級，是早年阿里山鐵路動力柴油化的功臣，走過觀光時代的黃金歲月。大部份用於非空調客車

與列車調度，包含阿里山的支線營運，例如祝山線、神木線等。如今已屆退休年齡，教人懷念不已。

1972年發生台日斷交，由於當時抵制日貨的衝擊，使得暫時無法購入日本製的柴油機車。於是1976年起，林務局購入西德 O&K (Orenstein & Koppel) 的柴油機車三部 DL35-37，屬於第五代柴油機車，由於曲線半徑等規格不合的問題，如今已經停用，卻是阿里山鐵路裡面最珍貴的一批歐洲登山火車。

1982年起，在阿里山公路通車之後，為了提高運輸競爭力，為配合阿里山號空調客車營運，開始加入空調發電機，日本車輛製造的機車首次登場，除了試驗性的DL-38無配備之外，第六代28噸級的柴油機車 DL39-43 都有配備。這一批火車陪阿里山鐵路走過近三十年風雨飄搖的年代，是阿里山鐵路現代化柴油機車的代表。（以上有關車輛詳細資料，參閱阿里山森林鐵道1912-1999車輛篇）

阿里山森林鐵路現役的柴油機車

編號	輛數	製造廠	製造年	噸數	馬力(HP)	備註
DL25-30	6	日本三菱重工	1969	25	523	第三代柴油機車 動力柴油化的開始
DL31-34	4	日本三菱重工	1972	25	523	第四代柴油機車
DL35-37	3	德國 Orenstein & Koppel	1976、1977	25	650	第五代柴油機車 停用後展示於北門車庫
DL38	1	日本車輛	1980	25	510	第六代柴油機車
DL39-DL43	5	日本車輛	1982	28	550	阿里山號專用 增加空調設備
DL45-46	2	日本車輛	2006	28	700	第七代柴油機車 增加聯控設備
DL47-DL51	5	台灣車輛	2007	28	700	聯控列車專用 增加聯控設備

DL-25 是第三代柴油機車的第一部,是動力柴油化實用的開始,對高岳車站。

阿里山鐵路的內燃機車

阿里山第四代柴油機車 DL-34,嘉義北門車庫,原廠的投射燈已經更換。

阿里山第四代柴油機車 DL-33,嘉義北門車庫,原廠的投射燈增加至兩個。

西德 O&K (Orenstein & Koppel) 製造的柴油機車,屬於第五代柴油機車,如今三部已經停用。DL-37 經過外觀整修,陳列於嘉義北門車庫園區。

阿里山第五代柴油機車,西德 O&K DL-36和DL-37,兩部停放在嘉義北門車庫。

阿里山第六代柴油機車 DL-43，牽引阿里山號專用，一支杉茶園。

阿里山第六代28噸級的柴油機車，所使用的連桿傳動轉向架。

阿里山第七代28噸級的柴油機車，轉向架已經取消外部傳動機構。

　　2006年起配合聯控客車的啟用，阿里山火車不需列車頭尾都有司機，必須精簡人力。第七代柴油火車 DL45-51 登場，一樣屬於28噸，不過最新世代的柴油機車改變傳統，已經取消外部傳動機構（rod connecting）。這一批為聯控列車專用，增加聯控設備。2006年 DL45-46 為日本車輛製造，整車原裝進口，2007年 DL47-51 為進口日本車輛零件，但是委託台灣車輛組裝製造。阿里山鐵路的柴油機車，二十一世紀終於邁入本土製造的新紀元。

阿里山第七代柴油機車 DL-45，可牽引聯控列車的阿里山號，該部車為日本車輛原裝進口。

阿里山的保存退役的柴油機車

日本加藤 KATO 工廠1926年製造的7噸柴油機車，原使用汽油引擎，專門用於林場線。今日保存於北門車庫園區。

第一代的 11403-1 柴油機車，展示於苗栗鐵道公園。

第一代的 11403-2 柴油機車，前後兩端的導輪機構已經拆除，今日保存於北門車庫園區。

三個動輪外接偏心重塊 (eccentric mass)，以連桿 (connecting rod) 傳動，這是第一代的柴油機車特徵。

第二代的 11403-3 柴油機車，存放於阿里山新站第7股道。

第二代的柴油機車已經有獨立轉向架構造，但是保留連桿的傳動機構。

第二代的柴油機車的中央傳動機構與萬向接頭，連接前後的獨立轉向架，奠定後來阿里山鐵路現代柴油化的基礎。

第二代的 11403-5 柴油機車，展示於苗栗鐵道公園。

阿里山森林鐵路保存退役的柴油機車

編號	輛數	製造廠	製造年	噸數	馬力(HP)	備註
無	1	日本加藤	1926	7	120	保存於北門車庫
11403-1	1	新三菱重工三原製作所	1953	25	225	展示於苗栗鐵道公園
11403-2	1	新三菱重工三原製作所	1953	25	225	保存於北門車庫
11403-3	1	新三菱重工三原製作所	1954	25	258	阿里山新站第7股道
11403-5	1	新三菱重工三原製作所	1955	25	258	展示於苗栗鐵道公園

阿里山鐵路的內燃機車

阿里山鐵路的內燃客車

擁有絕佳行車紀錄與輝煌歷史的中興號快車，竹崎站的 DPC7 與 DPC8。

　　中興號於1963年正式啟用，也是阿里山鐵路轉型觀光的序幕曲，也是阿里山最早有聯控裝置的柴油客車。中興號曾經橫亙27年，在阿里山鐵路史上保持最快的速度紀錄，二小時五十分從嘉義至阿里山，留下輝煌的紀錄與歷史。中興號可分為動力車 DPC（Diesel Powered Car），以及無動力的中間拖車 DTC（Diesel Trailer Car）兩種，早年期這兩款車型，皆為日本車輛原裝進口。

　　中興號柴油客車因為開窗之故，車廂內容易有柴油煙味，裡面有令人懷念的翻背椅，彷彿回到當年對號快車的時代。中興號的後端轉向架為外部傳動，等同柴油機車兩軸動輪，幾乎不打滑，它的液壓式轉向架，通過登山鐵路的彎道非常舒適，至今依然教人懷念。

　　阿里山鐵路至今依然保存一組中興號柴油客車，DPC7、DPC8 兩部可以行駛，經過外觀整理與引擎保養，於2006年年底由仕佳興業翻新後重新上路，同年12月宣告復駛。但由於其引擎結構特殊，零件取得不易，因此除了特別的專車以外，平時還是當作文化資產保存，以延長它的壽命。（有關詳細資料請參閱阿里山森林鐵道1912-1999車輛篇）

在森林中行駛的中興號，內裝座椅為2+1排的翻背椅。

中興號拖車 DTC3 的高級轉向架，也是日本車輛原裝進口。

中興號的柴油客車內，不可忽略日本車輛製造的銘板。

中興號的柴油客車前端，當年中興號的圓形 Head Mark，在反共抗俄的年代，中興的字眼有其特別的意義。

中興號 DPC 的動力車，前端的無動力轉向架，中間可看到日本車輛的 Logo。

中興號正在調整檢查其底盤的引擎。

中興號 DPC 的動力車，後端的動力轉向架，為外部連桿傳動。

日本車輛原裝進口的 DTC3，無動力的中興號拖車 DTC(Diesel Trailer Car)。

台灣自製的中興號拖車 DTC1。

第一部中興號 DPC1 目前停放在北門車庫，做為博物館預備車。

當年中興號最後一部 DPC11原屬羅東林鐵，保存裝況不佳，亟待林務局伸出援手。

阿里山鐵路的內燃客車

阿里山鐵路的客車

停靠奮起湖五部新世代的阿里山號彩繪客車,搭配新世代的柴油機車 DL-46,加入了聯控列車的體系。

目前阿里山鐵路的客運,分成SPC空調的對號客車,APC空調無對號的客車,以及無空調無對號的客車三種。目前登山鐵路的主力為阿里山號,空調的對號客車,每車廂基本上為25座,為三排座的長途可調椅背座椅。這批車基本上的編號為 SPC。阿里山號客車是第一款空調客車,從1984年正式啟用迄今,已有27年歷史,其中 SPC11-32 為原始版唐榮的阿里山號,煞車裝置為傳統的K閥。新世代 SPC33-49 為新版的阿里山號,由中鋼公司與嘉義機械廠承製,煞車裝置為EA閥,系統比較安全。

不過,這批新世代的阿里山號客車,最重要的在2006年10月開始,加入了聯控列車的體系,搭配新世代的柴油機車DL-45 至 DL-51。阿里山火車從此不需列車頭尾都有司機,前方司機透過聯控裝置,可以從前端客車駕駛座,遙控後方機車頭的煞車與油門。2008年6月民營之後,新的宏都彩繪客車體系推出,包含 SPC35-38 以及駕駛客車 SPC42,穿上美麗的圖案正式登場,不只外觀美麗,裡面還有液晶電視與廣播等設備,是目前最漂亮的觀光列車,目前嘉義至阿里山單程為399元。此外,為因應團體、花季與假日大量的遊客,還有一批空調無對號的客車,裡面為長調椅,其運量較大,外觀與阿里山號無異,這批車稱為中興號,其編號為APC1-11,目前嘉義至阿里山單程為370元。

至於無空調無對號的客車,裡面為長條椅,以1994年啟用的祝山線型客車居多。包含阿里山上的支線,阿里山至奮起

阿里山沼平車廂旅館這批珍貴的客車,由於宏都建案進行整地,全數慘遭毒手就地以怪手拆解處決,成了阿里山鐵路史上的重大浩劫。

湖的區間車,都是以這批客車為主。不過目前阿里山最新的客車,為2005年底啟用的台灣檜木車廂,這批客車走復古的路線,共有八節,可分成四輛兩個編組,搭配阿里山蒸汽機車31號與25號,分別行駛於阿里山上的支線與平地段,後者曾經於2007年7月至隔年3月,每逢例假日行駛嘉義至竹崎間,是目前阿里山鐵路最有原木風味的客車。至於其它的保存客車,目前只能等待將來的阿里山鐵道博物館成立,為這些歷史悠久的火車找到安身立命的場所,也讓這批火車獲得應有的歷史地位。

保存於北門車庫的蒸汽機車23號與珍貴的木造客車群。

阿里山鐵路部分的車輛是另地保存，竹崎親水公園。

以前奮起湖至阿里山的假日區間車，使用祝山線型客車。

車廂的裡面為長條椅，無空調的祝山線型客車。

阿里山號客車是第一款空調客車，從1984年正式啟用迄今。

阿里山號客車的前方第一車，駕駛必須瞭望前方路況。

阿里山號的 Logo，除了代表勝利的V字形，還有神木、鐵道與塔山。

2006年10月，聯控列車的開始加入營運體系。

前方司機透過聯控裝置，可以從前端客車駕駛座，遙控中間與後方的機車頭。

阿里山鐵路的木造客車

阿里山鐵路的台灣檜木車廂，2005年底全新啟用。

台灣檜木車廂的內部空間，檜木的香氣營造美好的氣氛。

檜木車廂的兩端，仿自貴賓車的裝飾，台灣總督府營林局的局徽，只是很可惜，局徽的象形「林」字，中間沒有連接起來。

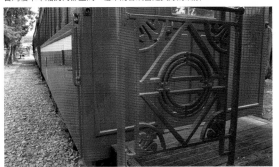

木造貴賓車的兩端，有台灣總督府營林局的局徽，後來增購的檜木車廂，也仿造此一裝飾風格。

建造於1924年，供裕仁皇太子來台參訪，特製的木造貴賓車與料理隨扈車。只可惜裕仁皇太子並未實地搭乘過。

檜木車廂使用大型的均衡梁轉向架。

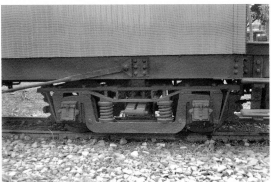

木造貴賓車使用小型的均衡梁轉向架。

當年用於光復號與普通車的 SP(Steel Passenger car) 鋼體客車。SP6207 代表民國62（1973）年製造。

在昔日客車不足的時代，以平車改造客車上場，今日保存一部平39為其代表。

1971年光復號客車開始營運，日本車輛原裝進口的 SPC1(Steel Passenger Car)，整體結構幾乎與當時中興號拖車 DTC(Diesel Trailer Car) 相同。

光復號客車的內裝座椅，與中興號相同的2+1排翻背椅。

保存於苗栗鐵道公園的 SPC2 光復號客車。

SPC2 光復號客車的高級轉向架，上面還有1971年日本車輛製造的銘板。

台灣自製的中興號拖車DTC5，使用普通的均衡梁轉向架，台糖烏樹林園區。

若干阿里山鐵路車廂，轉手給民間保存，在黃嘉益老先生家裡，與台糖的火車頭連掛，見證台灣歷史上「糖鐵林鐵聯運」的一頁。

阿里山鐵路的客車

阿里山鐵路的彩繪客車

穿越森林登山中的阿里山號客車，頭兩節為第一代的彩繪客車。

2008年6月19日阿里山鐵路移交宏都時，所特別開行的第二代彩繪客車，這批聯控列車的煞車裝置為EA閥，可以搭配聯控機車頭運行。

彩繪的聯控客車，與一般的聯控阿里山號客車，前端正面之比較。

彩繪的聯控列車，裡面為三排座椅，內裝十分高雅，還設置有液晶電視螢幕供旅客觀賞。

第二代的彩繪聯控列車，從嘉義站的月台即將出發。

2002年底改裝出廠，傳統煞車裝置為K閥，阿里山森林鐵路第一代的彩繪客車。

阿里山森林鐵路第一代的彩繪客車，裡面為雙排座椅，還有卡啦OK等娛樂設施，窗戶因為彩繪貼紙的關係，反而看不清楚。

阿里山鐵路是台灣最後使用木造貨車營運的國度，這是最常見的高甲車。

　　目前在台灣鐵道很少見到木造的車輛，這些是十分珍貴稀有的，而阿里山鐵路不止是唯一保存使用木造客車的體系，也是最後使用木造貨車營運的國度。包含常見的高甲車，以及利用高甲車加上守車室，搭配組合而成的守甲車，總是掛在貨車上山的第一輛，編組成工程貨車，還有比較少見的平甲車、平守車等等。由於阿里山的天災頻仍，因應天災路段需要修復，經常需要載運砂石的高甲車，以及載運怪手的平甲車，進入受災路段進行搶修。包含修復中的眠月線，以及經常中斷的屏遮那一帶，經常可以見工程貨車進入施工。

　　阿里山鐵路有一些比較特別的貨車，例如特有的方形水櫃車，過去對於山區供水有很大的貢獻。由於軌距相同，阿里山鐵路也使用東線鐵路移交的油罐車，共有兩部，不過，阿里山鐵路自己也以運材車改造油罐車，運材的承載平台依然保存完好，然而運材車卻已經消失了，油罐車反而成為運材車保存的最後遺址。

　　此外，阿里山鐵路有兩部體積超小，獨一無二的工程車，一部是特製的小型吊車，在蒸汽火車時代以蒸汽機為動力，還可以適應特別小的路線淨空。另外一部是在2007年為因應民營化，阿里山鐵路特別購入的砸道機 TA-01，只有兩軸而已，比台糖的砸道機還小，堪稱全台灣最小，甚至是全球762mm鐵道最小的砸道機呢！

運載工程材料的貨車，通過阿里山沼平一帶的風景。

利用高甲車加上守車室，搭配組合而成的守甲車，總是掛在貨車上山的第一輛。

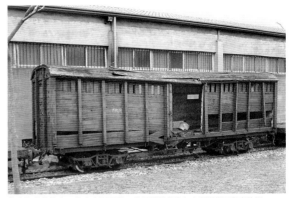

等待修復的篷車，上方有通風孔，曾經搭載貨物上山與當代用客車使用。

阿里山鐵路特有的水櫃車，過去對於山區供水有很大的貢獻。

阿里山鐵路使用東線鐵路移交的油罐車，共有兩部。

阿里山鐵路以運材車改造的油罐車，運材的承載平台依然保存完好。

阿里山鐵路獨特的砸道機 TA-01，堪稱全台灣最小的砸道機。

蒸汽火車時代特製的小型吊車，以適應特別小的路線淨空，是阿里山鐵路獨一無二的工程車。

這種機器巡道車，是阿里山鐵路發生天災前後，經常可見的工程車輛。

昔日羅東林鐵的蒸汽機車

762mm gauge

土場所保存的羅東林鐵的蒸汽機車，搭載運材車與小型的客車，何時能真的動起來，大家都在期待！

　　日治時期台灣的阿里山、太平山與八仙山為三大森林鐵道，太平山林鐵主要用小型內燃機車，與小型的材丁車運材，車輛規模較小。而羅東森林鐵路，是屬於太平山森林鐵路的平地段體系，車輛規模較大，從土場到天送埤，1921年完工，而從天送埤延伸至羅東的竹林站，於1924年1月27日終於正式通車，1926年5月18日開辦客貨運業務。羅東森林鐵路全長約36公里，全線共有10座車站，7座隧道，138座橋梁，堪稱是台灣第二大規模的森林鐵路，僅次於阿里山鐵路。然而在1978年遇上了黛拉颱風，天送埤以後至土場的路段停駛，在修復困難與客源減少的情況下，1979年8月1日結束營運，共歷時55年的歲月。

　　羅東林鐵的蒸汽機車不大，噸數約略與台糖的相當，依照編號1-15號，跳過忌諱的4與10號，一共有13輛之多。1-9號為日治時期的蒸汽機車，以日本車輛與川崎重工製造為主，3號機車因為發生車禍，取部份可用零件延續使用，改裝成今日1號機車，而6、7號機車已經毀損而淘汰，如今只剩下1號、2號、5號、8號、9號共五部。

　　至於11-15號的蒸汽機車，主要為國民政府時代，1958年台灣機械公司所仿製。其中還有幾部蒸汽機車，可能來自同屬林務局體系，1963年的八仙山林鐵，結束營運之後所移交的二手車輛，13、14號已經不可考，如今只剩下11號、12號、15號共三部。回首當年蒸汽機車，牽引客貨混合列車行經羅東溪「歪仔歪橋」的名景，如今已經無法見到了。

竹林儲木池旁，所陳列的蒸汽火車8號與運材貨車，宛若林鐵重生。

羅東森林鐵路的蒸汽機車保存資料表

車號	型式	製造廠	製造年	保存地點
1	0-6-0 tank	日本車輛	1926	宜蘭縣大同鄉土場檢查哨
2	0-6-0 tank	日本車輛	1923	宜蘭縣羅東鎮中山公園
5	0-6-0 tank	日本車輛	不詳	花蓮林管處池南森林遊樂區
8	0-6-0 tank	川崎重工	1941	宜蘭縣羅東鎮竹林車站舊址
9	0-6-0 tank	川崎重工	1941	宜蘭縣羅東鎮竹林車站舊址
11	0-6-0 tank	台灣機械(股)公司	1958	宜蘭縣羅東鎮竹林車站舊址
12	0-6-0 tank	台灣機械(股)公司	1958	宜蘭縣羅東鎮竹林車站舊址
15	0-6-0 tank	台灣機械(股)公司	不詳	宜蘭縣羅東鎮竹林車站舊址

昔日羅東林鐵的2號蒸汽機車，牽引客貨混合列車行經歪仔歪橋的風光，可惜此一名景，如今已經見不到了。(蘇昭旭畫)

竹林車站的舊址前的蒸汽火車15號，搭配羅東林鐵「復原」的仿造客車。

羅東林鐵的材丁車，是最小型的運材車輛，一般而言，兩節裝載一支原木。

昔日羅東林鐵1號蒸汽火車牽引客車的畫面。(蘇昭旭畫)

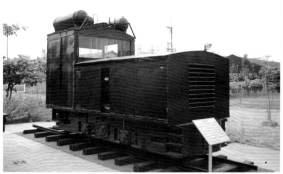

羅東林鐵的瓦斯內燃機車，將瓦斯儲氣槽至於車頂。

羅東林鐵保存的蒸汽機車

竹林車站舊址附近，陳列最多的羅東林鐵蒸汽機車群。

羅東林鐵的8號蒸汽機車，1941年川崎重工製造，羅東鎮竹林車站舊址。

羅東林鐵的9號蒸汽機車，1941年川崎重工製造，羅東鎮竹林車站舊址。

羅東林鐵的11號蒸汽機車，1958年台灣機械公司製造，羅東鎮竹林車站舊址。

羅東林鐵的12號蒸汽機車，1958年台灣機械公司製造，羅東鎮竹林車站舊址。

1

羅東林鐵的1號蒸汽機車，1926年日本車輛製造。宜蘭的土場檢查哨。據說是3號蒸汽機車發生車禍，取部份組件所改裝。

3

昔日竹林站裡的貨運混合列車，尤其是羅東林鐵的3號蒸汽機車，如今已經不可復尋。（黃澍民攝）

2

保存於羅東鎮中山公園，羅東林鐵2號蒸汽機車，1923年日本車輛製造。

15

羅東林鐵的15號蒸汽機車，台灣機械公司製造，製造年不詳，約在1960年代，目前保存於羅東鎮竹林車站舊址。

5

保存於池南森林遊樂區，羅東林鐵5號蒸汽機車，日本車輛製造。製造年不詳，約在1920年代。

昔日羅東林鐵的內燃客車

762mm gauge

昔日羅東林鐵的中華號，2006年底終於被送回土場還原展示。

　　1963年，阿里山鐵路的中興號柴油客車啟用，創下阿里山鐵路史上速度最快的紀錄，時速可達50-60公里，立刻大受歡迎。這樣的鐵路柴油化風潮，也吹向同屬林務局的羅東森林鐵路。1967年元旦，為提高旅客服務水準，也購入兩部日本車輛製造的柴油客車，為了與阿里山鐵路紅色的中興號有所區隔，故取名為「中華號」特快車，而且顏色為藍色。當時中華號的編號與阿里山中興號相同，為 DPC1 與 DPC2，行車時間為90分鐘，立刻大受歡迎，座無虛席，成為當時速度最快的車種。

　　隨著1979年羅東林鐵停駛，這兩部中華號就移交給阿里山鐵路繼續使用，並改為 DPC10 與 DPC11，於是阿里山鐵路的中興號增加至10部 DPC1-11（沒有 DPC4），1990 年停用後就放在北門車庫。就在阿里山鐵路移交民營之前，也許是羅東林管處洞燭機先，知道宏都公司輕賤鐵道文化資產的態度，堅持將羅東林鐵的中華號送回羅東土場，讓這對遠嫁的姐妹回娘家。於是挑選了 DPC9 與 DPC10 這兩部火車，在2006年12月11日啟程出發，兩天之後回到了羅東，不但漆回原有的藍色，並且更改為 DPC1 與 DPC2。這一批羅東林鐵的柴油火車，很幸運地能夠物歸原主呢！

（註：DPC11因為車況太差，所以才用DPC9代替。所以現在羅東林鐵的中華號，其中一部還是阿里山林鐵的中興號。）

2006年12月11日，兩部阿里山鐵路的中興號藉由拖板車，終於踏上歸鄉的旅程

上高速公路以前，還特別要將前端轉向架固定好。

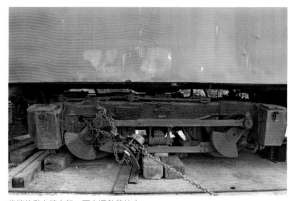

後端的動力轉向架，下方還墊著枕木。

如今已經還原中華號的顏色與車廂的正面。

從嘉義北門車庫出發，這兩部車即將開上斗南交流道，DPC9 與 DPC10 終於要回家。

中華號 DPC2 的行先板也加上「開往羅東」的字眼。

土場的 DPC1 與 DPC2，兩部中華號的終於風華再現。

中華號 DPC1 的行先板也加上「開往土場」的字眼。

這是全新整修好中興號的內裝，中華號的內裝與中興號相同。

762mm

羅東林鐵的兩部綠色木造客車，如今與阿里山鐵路的兩部木造貴賓車連掛在一起，成為綠色與紅色的鮮豔對比，嘉義北門車庫園區。

　　日治時期的羅東林鐵，木造客車的部份，有「標準型客車」甲1號至3號三部，「小型客車」乙1號至5號五部，以做為通勤客運使用。1970年，林務局從羅東林鐵的竹林站延伸一公里路線，銜接至台鐵的羅東站，以方便旅客利用轉乘，經營十分有心。然而1971年之後，隨著汽車公路主義的盛行，在當時缺乏文化資產概念的決策下，颱風一吹，鐵路受創就輕易廢除。1978年黛拉颱風侵襲之後，1979年羅東林鐵就此停駛，日治時期的官營三大林場，只剩下最後一個阿里山鐵路。

　　停駛之後的羅東林鐵，貨車只保留一部材丁車，小型客車留下乙5號，當時連接1號蒸汽機車，放在仁澤溫泉的山莊裡面，後來整組列車被移到了土場展示。

　　而客車甲1號與甲3號，被改成 PA-1 與 PA-3，顏色也從綠色改成紅色，送到阿里山鐵路使用，尤其是1984年當時的眠月線通車，經常可見這兩部客車的足跡。比較坎坷的是甲2號，丟在仁澤溫泉的山莊，去掉車輪成為「列車茶坊」，不久之後報廢，十分可惜。此外，羅東林鐵還有規格最高的貴賓車，標準型與小型各一部，後來遺失，下落不明。

　　經歷了三十年之後，回首當年的停駛，真的是一場決策輕率的鬧劇，社區民眾對於羅東森林鐵路的情感，還一直念念不忘，所以地方民眾有許多要求復建的聲音，並未能如願以償。有趣的是，這些羅東林鐵的客車有所謂「變色」的問題，原本在羅東林鐵停業以後，車廂移轉給阿里山鐵路使

羅東林鐵的兩部綠色木造客車，PA-3 連 Logo 都改回羅東林鐵的樣式。

羅東林鐵的 PA-1 的近照，PA-1 仍維持當年用於眠月線的阿里山鐵路 Logo。

羅東林鐵的材丁車,與木材展示於土場。

羅東林鐵小型木造客車,只有六個窗戶,一度被漆成阿里山鐵路的紅色。

羅東林鐵小型木造客車的內裝。

如今重新漆回綠色,車頂也做了防水的處理。

用,所以從原有的綠色改成了紅色。不過,後來羅東林鐵的主管當局,也意識到應該恢復自己的歷史原貌,不論是移轉過去阿里山鐵路,放在北門的 PA-1 與 PA-3 客車要改回綠色,包含土場前保存的小型客車,與竹林車站與仿製客車,也都一律改回綠色,讓歷史重現。

昔日的竹林車站裡,還複製幾部羅東林鐵的小型木造客車,曾經一度漆成阿里山鐵路的紅色。

後來這幾部複製車終於漆回綠色,只可惜製作地不夠真實。

無獨有偶的羅東林鐵也有貴賓車,車廂前後也有台灣總督府營林局的局徽,只可惜這部車沒有保存下來。(台鐵憶舊四十年 黃澍民攝)

今日羅東林鐵的車站復興

竹林車站是一座美輪美奐的木造車站。

今日羅東林鐵的車站復興

　　儘管羅東森林鐵路的路基已經消失，不過保存鐵道文化資產，仍然是台灣森林鐵道發展觀光的重要利基。雖然，今日太平山還維持觀光的蹦蹦車來營運，不過羅東森林鐵路則以靜態展示方式，保存許多當年的蒸汽機車，共有八部之多。在羅東鎮竹林車站的舊址，展示運材車與小型的客車，宛若林鐵重生，並復建許多木造站房，包含竹林、大洲站，保存牛鬥、天送埤站，成就了「羅東林鐵的車站復興」。雖然，目前只是有車站、有火車、卻沒有鐵路讓火車復駛，但是羅東林鐵何時能復活真的動起來，大家都在期待呢！

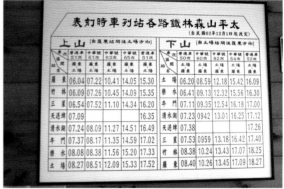

太平山森林鐵路各站列車時刻表
(自民國62年12月1日起施定)

上山 (由羅東站開往土場方向)					下山 (由土場站開往羅東方向)					
站名	普通車51次 羅東 土場	中華號61次 羅東 土場	中華號63次 羅東 土場	中華號65次 羅東 土場	普通車51次 羅東 土場	站名	中華號50次 土場 羅東	中華號60次 土場 羅東	中華號62次 土場 羅東	中華號64次 土場 羅東	普通車52次 土場 羅東
羅東	06.04	07.22	10.41	14.05	15.30	土場	06.20	08.59	12.18	15.42	16.09
竹林	06.09	07.26	10.45	14.09	15.35	樂水	06.41	09.13	12.32	15.56	16.30
三星	06.54	07.52	11.10	14.34	16.20	牛鬥	07.11	09.35	12.54	16.18	17.00
天送埤	07.09				16.35	清水湖	07.23	0942	13.01	16.25	17.12
清水湖	07.24	08.09	11.27	14.51	16.49	天送埤	07.38				17.26
牛鬥	07.37	08.17	11.35	14.59	17.02	三星	07.53	0959	13.18	16.42	17.40
樂水	08.08	08.38	11.56	15.20	17.33	竹林	08.38	10.24	13.43	17.07	18.25
土場	08.27	08.51	12.09	15.33	17.52	羅東	08.40	10.26	13.45	17.09	18.27

羅東林鐵車站復興，不止是火車站被完整保存，連當年的時刻表都公佈於世。

竹林站鋪設的森林鐵道，不知何時才能看到蒸汽機車復駛？

竹林車站的檢車庫與周邊的林業鐵道。

竹林車站站牌，左往羅東，右通大洲。

雖然羅東森林鐵路不能起死回生重新營運，但是木造車站可以讓記憶重生。竹林車站的正面入口。

昔日羅東儲木池的風光，又重現世人的眼前。

重新整修完成的大洲站。

重新整修完成的天送埤站。

重修完成的竹林車站與羅東儲木池，以木造的天車為入口意象，成為羅東林業文化園區。

今日保存完好的牛鬥站。

現今營運的太平山林鐵小火車

762mm gauge

太平山森林鐵道的車站，敲鐘才能出發，後方的山嵐煙雲，詩意浪漫不已。

太平山森林鐵道，堪稱台灣除了阿里山森林鐵路之外，第二條具規模的森林遊樂區鐵道。該鐵路利用原有太平山森林鐵道的茂興線前段，從太平山站到茂興站，長3.2公里，不過並非類似阿里山的火車，而是俗稱蹦蹦車的柴油小火車，1991年11月啟用。所謂的蹦蹦車，一說是過去森林鐵道的軌條，乃分段拼接而成，路基不平整，火車行經軌條接縫處發出蹦蹦聲；另一說是柴油機車的煙囪冒煙，其煙蓋上下一開一閉發出蹦蹦聲，因此得名。無論如何，蹦蹦車創造了台灣現代的觀光台車文化，旅客搭乘開放式的台車，可以自由擁抱大自然的氣息。

相較於阿里山鐵路的支線，雖然太平山森林鐵道的里程短少很多，然而太平山森林鐵道的確有其獨特的景致，可以看到許多阿里山已經消失不見的木棧橋。尤其每當冬季東北季風來襲，太平山總會下雪，成了台灣難得一見的鐵道雪景，茂興線的終點，還有一大段步道可供健行，頗有尋幽探訪人間祕境之趣。

今日的太平山火車站，是一座木構造的車站建筑。裡面還有咖啡廳與展覽室。

太平山森林鐵道的茂興車站。

每當冬季東北季風來襲，太平山總會下雪，成了台灣難得一見的鐵道雪景。

台灣宜蘭的太平山森林鐵道，穿梭於森林的美麗風光，與日本赤澤森林鐵道的風景相似。

太平山森林鐵道的茂興線，還有一大段步道可供健行，圖為整修好的木棧橋。

昔日太平山的運材列車行駛的風光。(蘇昭旭 畫)

太平山森林鐵道的小火車過橋的風景。

太平山的運材鐵道，偶而也會兼運一些工程材料，並搭載施工人員上下山。
(台鐵憶舊四十年 黃澍民攝)

索道集材的運輸機械

索道集材的運輸機械

　　台灣林業鐵道只有阿里山森林鐵路，是以「登山鐵道」的方式去運送木材，而其他所有的鐵道體系，是以堀田式「索道」的方式去搬運木材。在山區海拔落差很大，鐵道鋪設像一層一層的樓梯，樓梯中間則以索道來銜接。而索道集材需要蒸汽集材機，其構造就像是一台小型的蒸汽機車，只是輪子當捲揚機，把木材放下山去。銜接索道中間的短程鐵道，則使用小型柴油機車，用來運送木材，又以 KATO 加藤製的三噸、五噸、七噸柴油機車，最為常見。

　　利用索道集材，其林業機械的成本可以大幅度降低，是它最大的優點。然而，木材的材積與長度，受限於運輸工具比較縮小，但是在運送的效率上要快很多。不過，在伐木產業結束之後，登山鐵道還可以延續其壽命，以觀光鐵道的角色再出發；但是「索道」由於安全的緣故，卻失去其再利用的發展性，只能殘存一小段蹦蹦車鐵道去做觀光，如今日的太平山森林鐵路，就是典型的實例。

過去銜接索道的鐵道，利用加藤製的小型柴油機車，以連結運材車。

集材索道的上下兩端，一定會連接鐵道來輸送。（林務局提供）

昔日山區的木材透過索道運送的過程。（林務局提供）

昔日索道搭載人車的風景。（林務局提供）

昔日蒸汽集材機運作的情景。（林務局提供）

索道集材的運輸體系

太平山的茂興線鐵道，前段作為遊樂區蹦蹦車鐵道，後段則為森林步道。

陳列於太平山茂興站，加藤製的小型柴油機車，昔日用於集材的鐵道。

太平山森林鐵道的柴油小火車，俗稱蹦蹦車。

蒸汽集材機的構造，不過就是一台小型的蒸汽機車，只是輪子當捲揚機。

太平山的蒸汽集材機，有兩組捲揚機。

鯉魚潭的森林鐵道

gauge 762mm

晨光下鯉魚潭的美麗風景，宛若台灣的瑞士。

　　日治時期的台灣林業鐵道，除了總督府營林局的官營體系，阿里山、太平山與八仙山三大森林鐵道以外，還有若干民間會社，自力開發的森林鐵道。這些又以台灣的東部，木瓜山林場（哈崙山地鐵道）、太魯閣林場（嵐山山地鐵道）、林田山林場森林鐵道，這三條最具規模，也就是戰後木瓜林區管轄的森林鐵路，其木材的產量為最多，1989年才結束營業。以上三條加上原有官營體系的三條，這六條森林鐵道，成為台灣伐木工程最具代表性的森林鐵道，軌距都是762mm。

　　今日鯉魚潭的森林鐵道，屬於木瓜林場哈崙山地森林鐵道，1934年通車；最上層的鐵道，接近海拔2400公尺；最下層的鐵道，則連接至平地的池南工作站。山區多層次的鐵道，利用加藤製三噸、七噸的小型內燃機車，來牽引運材貨車，再透過索道運輸降低海拔高度，依序將來自木瓜山林場、哈崙山地的林木，送到池南工作站。最後再經由6公里長的平地鐵路，連接到台東線的池南驛（平和站），不過這條平地線鐵路，1982年台東線拓寬軌距之後旋即結束。

　　昔日的池南工作站，在結束伐木的任務之後，已經轉型為池南森林遊樂區，而花蓮鯉魚潭的風景，宛若台灣的瑞士，美麗得教人驚艷不已！其實，池南森林遊樂區曾經保留一段200公尺長的蹦蹦車路線，使用1972年德製 SCHÖMA 的柴油機車，拖二節車廂來回行駛，而且是免費服務。只不過後來這些蹦蹦車，不幸停駛了，如果政府有心維持的話，應該收費營運，並且恢復其舊觀才是。

哈崙山地森林鐵道的遺跡，徒留小型柴油機車與運材車成追憶。

今日池南森林遊樂區，所保存昔日的路線與運材車輛。

池南森林遊樂區裡面保存1972年德製 SCHÖMA 機車，拖二節車廂，來回運行於僅200公尺的路線上，只不過這免費的蹦蹦車，後來不幸停駛了。

用於哈崙山地森林鐵道，加藤製三噸小型內燃機車，展示於南華森林公園。

加藤製七噸小型內燃機車，展示於南華森林公園。

加藤製三噸小型內燃機車，另外一個角度。

林田山鐵道遺址

僅存的林田山森林鐵路，以及後方的木造建築群。

　　林田山林場的森林鐵路，其起步較晚，1939年由台灣興業株式會社開發，卻有著十分特別的最高紀錄。其索道連接的體系，計有高登線、大觀線、溫泉線，最後從森坂連接台東線鐵路的萬榮站，俗稱萬森線至1940年才通車。其輸運送林材的路徑，由索道經高登線運至高登，以索道經大觀線，再經索道運至溫泉線，最後續接萬森線運至萬榮。

　　台灣光復後由台灣中興紙業公司接手，1961年自高登修築34公里長之高登線，直至1976年7月完工。該鐵路系統原通往高登，高海拔2620公尺，費時約十五年，堪稱台灣索道與鐵道接駁體系，「森林鐵路」的海拔最高點，成為通往七彩湖的登山路徑。不過，這跟阿里山鐵路一路從平地爬升上山，祝山站海拔2451公尺，成就登山鐵路的最高點，意義是不一樣的。

　　此外，東部三大林場之一的太魯閣林場，設有一條嵐山森林鐵道，1942年開發，後來本線為1952年改建，從嵐山新一號索道，連接台東線鐵路的田浦站，為嵐山運輸木材主要鐵路，然而隨著1982年東拓之後結束而成為歷史。由此可見，昔日的東部三大林場鐵路，哈崙山地鐵道連接池南站，林田山森林鐵道連接萬榮站，嵐山山地鐵道連接田浦站；這條762mm軌距的台東線鐵路，不只是銜接糖業鐵路（光復與台東糖廠），也涵蓋林業鐵路的運輸體系呢！

林田山鐵道文化園區，有非常多美麗的木造建築，不必出國卻好似來到日本。

昔日的森榮車站與月台遺址，高海拔106公尺。

林田山鐵道文化園區，保留一小段原始的舊鐵道路線。

如今僅剩若干索道與運材車，留予後人追憶昔日的榮景。

昔日鐵道的木棧橋，重新整修之後成為該社區的地標。

而舊的原始木棧橋，其實並未拆除，只是換了個位置保存而已。

當年萬森線的火車頭與車廂，如今完好保存於車庫裡面。

這是昔日萬森線火車運行的畫面，還是一趟免費的火車旅行。(古仁榮攝)

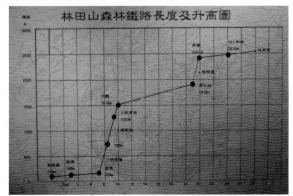

這張林田山的鐵道線路圖，說明了一切，該鐵路系統可抵高登，高海拔2620公尺，費時十五年，堪稱台灣索道與鐵道接駁體系，鐵路的海拔最高點。

昔日林田山森林鐵路，溫泉線的運材車風景。(古仁榮攝)

610mm
1067mm
gauge

車埕的林業鐵道遺址，昔日的振昌木業工廠，如今已經拆除消失。這是以前610mm軌距的舊鐵道。

台灣的林業鐵道，經常可見的木棧橋(Trestles)，這是早年的原貌。

對照左側當年的木棧橋，如今已經拆除重建，成為車埕木業館景觀的一部份。

車埕的鐵道遺址，重要的地標之一，木造的天車(起重機)。

車埕木業館裡面，當年的伐木工人作業的蠟像。

車埕地名的由來，源自於1916年，日治時期舖設埔里至此地的 Torokko 輕便台車鐵道，為610mm軌距，再經由762mm的糖鐵連接至二水，以運送埔里糖廠所生產的蔗糖。當時這裡有上百台的輕便台車在此停放，即是台語的停車場，台語稱之為「車場」，國語「車埕」的地名也由此而來。當然，現在這裡最重要的鐵道，是1067mm軌距台鐵集集線鐵路的終點，與台灣林業鐵路體系無關。

因此，車埕的林業鐵道，並非開發林場，主要是昔日振昌木業工廠的遺址，昔日有許多的台車鐵道。曾經在這裡可以看到許多廢棄斑駁的廠房，雖然卻留下為數可觀的林業聚落景觀，尤其是台灣的林鐵經常可見的鐵道木棧橋 Trestles，如今已經拆除，重建的新橋樑卻已經失去610mm軌距的風貌。昔日的儲木池，搖身一變成為江南的水鄉風景，一個全新的木構造的鐵道社區，木造車站，與嶄新的車埕木業館，風景雖美卻破壞了古蹟原貌。2010年4月16日，車埕進駐台鐵珍貴的木造貨車，雖然是「木構造」的火車，但是這些車輛卻與此地毫無關聯，這些木造貨車不堪長年的風吹雨打，顧問公司缺乏周延思慮，竟成了敗筆之作。

車埕的林業鐵道，建立一個木構造的鐵道社區，這是一個新的木造車站，設置於鐵道的終點附近。

今日的集集線火車，通過振昌木業工廠遺址的畫面。

車埕的林業鐵道遺址，昔日的儲木池，搖身一變成為江南的水鄉風景。

在2010年4月16日，車埕進駐這些台鐵珍貴的木造貨車，木造車輛不堪長年的風吹雨打，十分地可惜。

南華森林公園的林鐵火車

加藤製 KATO 的七噸小型內燃機車32號，連結運材車展示於南華森林公園。

　　林務局的南華工作站，是屬於木瓜林區哈崙山地森林鐵道的體系，在結束其伐木的歷史任務之後，目前已設置南華森林公園。昔日哈崙山地森林鐵道的車輛，都此地展示，包含有加藤製三噸、七噸的小型內燃機車、索道等集材運輸機械，以及後來開闢林道，公路運材的卡車，都獲得完善的保存，重返昔日哈崙山地森林鐵道的風光。如果還能有木瓜林區一間林業史料館，完整展示東部三大林場的鐵道歷史，那就更加完美了。

南華森林公園的入口景觀。

後來開闢林道，使用卡車運材的設備，也在此地展示。

昔日的哈崙工作站，許多運材的內燃機車集中展示於此。

珍惜有心人　盛夏的軌跡鐵道

過去林田山所用之內燃機車，被放在盛夏的軌跡民宿，自行鋪設的軌道上運行，機車均維持可動狀態。

　　雖然今日林田山森林鐵路，已經不再行駛，不過，以前林田山所用之內燃機車群，為花蓮縣光復鄉的〈盛夏的軌跡〉民宿收藏，機車均維持可動狀態。這間盛夏的軌跡的民宿招牌，充滿林業的氣息，木造的彫刻質感，還標榜『五分車的民宿』。這間民宿的老闆，不但從車庫裡開火車出來招待客人，還收集廢棄的鐵道元件，自行鋪設民宿的軌道，連內燃機車也都保養得煥然一新。包含昔日森林鐵道所使用的轉轍器，成為民宿鐵道的護欄與裝飾品，實在是相當地有趣呢！

盛夏的軌跡民宿，所自行鋪設的軌道，火車也保養得煥然一新。

盛夏的軌跡的民宿招牌，木造的彫刻質感，還標榜「五分車的民宿」。

民宿老闆自己開火車，從車庫裡開出來招待客人。

昔日森林鐵道的轉轍器，成為民宿鐵道的護欄與裝飾品。

日本的窄軌森林鐵道　赤澤森林鐵道

gauge 762mm

日本僅存最後的森林鐵道，赤澤森林鐵道的風光。

　　從日本的中央本線上松站下車，搭往赤澤森林的巴士約30分鐘，到終點下車，就可抵達赤澤自然休養林。赤澤自然休養林是日本森林浴發源地，為日本三大美麗森林之一。這裡曾經是日本規模最大的木曾森林鐵道，在1975年5月30日停駛，然而在三年之後，1978年8月，在日本第一個被指定為「自然休養林」。

　　1987年7月25日，以鐵道保存而為目的，舖設了1.73公里的保存線，利用赤澤支線的廢棄路線重新復駛，讓木曾森林鐵道重新復活。如今「赤澤森林鐵道」以酒井製的柴油機關車，牽引 Torokko 客車，火車單程旅程約7分鐘，來趟悠閒的森林鐵道之旅。穿梭在樹齡300年的木曾檜木森林裡，沐浴在溪流的美麗景色中，宛如台灣太平山山路的日本鐵道版。其火車票為木曾檜木製，如遇黃金週、暑假、紅葉季節時會彈性將增加班次。在赤澤自然休養林中，還有「木曾森林鐵道館」，可以免費參觀。

日本酒井製作所的柴油機車，連結 Torokko 客車。

　　看到日本赤澤森林鐵道的實例，不禁令人思考，其實花蓮的鯉魚潭與林田山兩處地點，其實都有發展短程觀光森林鐵道的條件，鐵道長度不是重點，保存的景觀與氣息，才是最大關鍵。還有，非常可惜的是，台灣僅存的林業鐵路，幾乎都是以迷你蹦蹦車的模式去發展觀光，為何不能有大型的 Torokko 客車，以提升服務品質？雖然，這一切是為了合乎遊樂區的法規，但是這樣只是限縮了發展空間，台灣為何走不出只有蹦蹦車與小火車格局呢？

赤澤森林鐵道的遊客，與溪邊戲水的人潮歡呼互動。

雖然是一條小型的鐵道，沿途風景還有瀑布等豐富景緻。　　　　赤澤森林鐵道，蜿蜒穿越森林的美麗風光。

特別保存的美國製森林鐵道蒸汽機車一部，與酒井製作所的柴油機車。

可以呼吸大自然氣息的 Torokko 客車。　　　　　　　　　海拔1080公尺，赤澤森林鐵道的入口處餐廳。

鹽業鐵道篇

軌距 762mm 610mm

滄海桑田　台灣的鹽業鐵道
最後的台鹽鐵道
現今保存的台鹽小火車
七股的鹽業博物館
國外特輯　前瞻與思考

1970年代嘉義布袋鹽場，利用火車運鹽的歷史畫面，762mm軌距。(張新裕 攝)

鹽田兒女扮演起挑鹽的角色。

滄海桑田　台灣的鹽業鐵道

昔日台灣鹽田的風光，工人在鹽田裡面堆鹽。

　　台灣的鹽業從明清時代就存在，由於食鹽是重要民生物資，古代還必須賦稅。而台灣鹽業鐵道主要的規模，起始於1938年的台灣製鹽株式會社，1945年國民政府時代繼續經營，最大的兩個鹽場，為台南「七股鹽場」與嘉義「布袋鹽場」。七股鹽場佔地高達1800公頃，曾經是台灣最大的鹽場，鹽場鐵路網長達29.5公里居冠，直到1987年逐步停駛而拆除；至於嘉義布袋鹽場，在1941年由台灣製鹽株式會社所收購，是戰後與台糖聯運的重要運輸基地。1987年七股鹽場鐵道停駛之後，大量的台鹽小火車也就轉移陣地至此，成為台灣鹽業鐵道的最後舞台。1995年8月18日台鹽鐵道最後停駛，徒留許多車輛與殘存路基供後人懷想。

　　台灣的鹽業鐵道是使用762mm軌距，作為主要運輸體系，若干鹽田還保留610mm軌距的輕便鐵道，是以台車人工運鹽，規模較小。不過鹽業鐵道的產銷體系，卻是十分特別的「糖鹽聯運」網路。當年台南七股鹽場的鹽貨，是透過台糖佳里糖廠的原料線運送，包裝鹽是經由佳里糖廠的鐵道，連接麻豆糖廠再送到隆田站倉庫，由縱貫線送到全省各地或由高雄港出口；至於散裝鹽部分，則送到新營的東太子宮，利用十分特殊有趣的卸鹽台來轉運。而嘉義布袋鹽場的鹽貨輸送也頗為類似，包裝鹽是送到台糖的布袋站，經由台糖布袋線鐵道，送到新營站的台鹽運銷處倉庫，再經由縱貫線送到全省各地；而散裝鹽一樣送到東太子宮，鹽鐵小火車透過卸鹽台來轉運出去。

將一擔擔堆好的鹽，用手推台車在鹽田的軌道上面運送。台車體系為610mm軌距。

散裝的鹽用木造的鹽車裝好，在糖鐵的布袋站編組即將出發。運輸體系為762mm軌距。

　　台灣鹽業鐵道最為經典文化景觀，卸鹽台的轉運設施堪稱一絕。昔日嘉義布袋線用台糖的溪州牌 Brookville 汽油機車，將運鹽貨車拉上卸鹽台，上方的軌道是台鹽762mm軌距，下方的軌道是台鐵1067mm軌距。當台鹽貨車拉開側邊漏斗，散裝鹽滾滾落下，裝到台鐵的貨車，透過台糖的布袋線聯運體系，這些鹽就送到新營的運銷處倉庫，經由縱貫線運到全省各地。今日新營東太子宮還將此地整理成「卸鹽台花園」，讓糖鹽轉運的鐵道故事，永遠傳唱下去。(本單元的圖片感謝鹽光文教基金會，鄭淑芬提供珍貴史料照片)

台鹽借用台糖的溪州牌 Brookville 汽油機車，將運鹽貨車拉上卸鹽台，上方的軌道是台鹽762mm軌距，下方的軌道是台鐵1067mm軌距。

滄海桑田　台灣的鹽業鐵道

上方卸完了鹽火車將空車拉走，下方是台糖的布袋線鐵道1067mm軌距，最外側還有762mm/1067mm三線軌道，台糖與台鹽的小火車都可以行駛。

這些裝鹽的貨車透過台糖的布袋線聯運體系，這些鹽就送到新營的運銷處倉庫。今日這裡已經保存成為新營的卸鹽台花園，如右下角所示。

台鹽貨車拉開側邊漏斗，散裝鹽就滾滾落下，裝到台鐵的貨車裡面。

從卸鹽台的高度，可以看到另外一側有兩條762mm軌距鐵道，那是台糖的布袋線，台糖的比利時蒸汽機車裝載甘蔗原料，即將通過開往新營。

鹽田鐵道除了運鹽以外，還可以展示國力。這是昔日七股鹽場的國賓專車，搭載來自非洲的友邦國家代表，來參觀台灣的製鹽與運鹽體系。

布袋鹽場站將包裝鹽運上貨車的情景。

七股鹽場的鐵道風光，除了木造的貨車，還有木造的守車，裡面擠滿了上下學的學童。

對照左上角的圖片，昔日卸鹽台已成追憶，遺址被保存成為新營南紙社區的卸鹽台花園。

在布袋鹽場站，一包包鹽裝上了車，貨車要過地磅來算產出的重量。

七股鹽場的多數學童，甚至是搭運鹽的貨車上下學，一到站人就趕緊爬出來。

台鐵新營車站南邊，台鹽的新營運銷處倉庫外面，還有保留三線軌道，只不過昔日布袋線，用火車運鹽已經永成歷史。

最後的台鹽鐵道

610mm gauge 762mm

高級長官巡視專用的001號貴賓車,與台糖的巡道車相似。原本裝有汽油機可以自力運行,1980年代後期,已經變成無動力的客車,必須靠機車頭牽引。(張新裕攝)

自從1987年七股鹽場的鐵道停駛之後,大量的台鹽小火車,也就移駕至嘉義布袋鹽場,這裡成為台灣鹽業鐵道的最後舞台,包含七股的綠皮火車、布袋的黃皮火車在此地「爭相競豔」,而日本加藤 KATO 的柴油機車,與德國修馬 SCHÖMA 的柴油機車彼此交錯,實在好不熱鬧!其中又以高級長官巡視專用的001號貴賓車最為搶眼,與台糖的巡道車相似,後期已經變成無動力的客車,必須靠機車頭牽引,當時許多記錄片與廣告片,也都爭相到此地取景。直到1995年8月18日最後一天,台鹽鐵道小火車終於停駛,鹽業鐵道就此謝幕,正式走入歷史,只遺留下許多路基,與繡蝕斑斑的車輛供人憑弔。

誠然,鹽鐵停駛有其經濟上的選擇,主要受到機械化曬鹽與公路運鹽的影響,不得不然,然而鹽鐵停駛之後,卻缺乏配套措施將此一鹽業文化保存,卻是應可為而不為的疏失。1996年,敝人拍攝公共電視的紀錄片時,當時最後的布袋鹽場,還可以看到完整的鹽山,多數鐵道與車輛都在,十多年後幾乎都消失了,還好嘉義布袋台鹽倉庫保存了多數的火車,堪稱鹽鐵復駛的最後希望。而台南七股的鹽鐵火車機關車庫,已經被文化局列入歷史建築古蹟。

此外,七股與布袋鹽鐵是屬於762mm軌距,是使用火車運鹽的體系,不過台灣過去仍然存在部分地區使用610mm軌距的鐵道,是以台車人工運鹽,規模比較小。例如金門的鹽業鐵道,台鹽的西園鹽場,就是610mm軌距的輕便鐵道,這些

相片是1996年,敝人拍攝公共電視的紀錄片所留下來的,可惜今日幾乎都消失了。台灣昔日人工挑鹽堆鹽,以及用台車運鹽的畫面,不知何時可以再現?

鹽田鐵道除了運鹽以外,還是許多學童上下學與鹽工上下班的運輸工具,而且還可以展示國力。昔日七股鹽場的國賓專車,還搭載來自非洲的友邦國家代表,來參觀台灣的製鹽與運鹽體系,回想昔日風華,台灣的鹽鐵,怎堪如此就沒落了呢?

台灣鹽業鐵道的命運,一如傾倒的車廂任其荒蕪,何時才能翻身?

布袋鹽場最後遺留的車輛,以及凋零鏽蝕的軌道。

1996年最後的布袋鹽場，還可以看到鹽山。

金門也有鐵道，台鹽的西園鹽場。610mm軌距。

日本協三重工製造的8噸815號柴油機車。(張新裕攝)

1994年布袋鹽場的鐵路，日本加藤 KATO 製8噸柴油機車9號。(楊肇庭攝)

1997年布袋鹽場結束營業，德國 SCHÖMA 製的4噸柴油機車。

昔日鹽鐵已經不可復尋，徒留一部小火車，陳列在七股鹽場的辦公室外面。

昔日挑鹽堆鹽，以及用台車運鹽的畫面，何時可以再現？(蘇昭旭畫)

七股鹽田火車運鹽與人工堆鹽的歷史畫面。(蘇昭旭畫)

現今保存的台鹽小火車

762mm gauge

嘉義布袋台鹽倉庫裡面，還保存為數甚多的台鹽小火車。

　　若以「滄海桑田」來描述現今鹽業鐵道的處境，實在是最恰當不過了。因為鹽業鐵道是目前台灣輕便鐵道六大類中，兩項沒有動態保存的體系之一，還好都是有火車，但是沒有鐵路可跑，未來還是可望將來修復行駛。目前鹽鐵主要的保存車輛地點，最大的一處是嘉義布袋台鹽倉庫，有德國SCHÖMA 的4噸柴油機車、以及 SCHÖMA 的8.8噸柴油機車；日本協三重工的8噸柴油機車815號，珍貴的001號汽油客車「貴賓車」，非常像台糖的「巡道車」。後面這幾部火車運作到最後鹽田關閉，是台鹽鐵道最後紀錄片的重要身影。

　　另外一處保存地點是七股的台灣鹽業博物館，包含德國SCHÖMA4 噸柴油機車，日本 KATO 的8噸柴油機車，七股鹽場外面的 KATO 加藤8噸2號機車。此外，在台南七股的溪南春餐廳外面，保存一列國內某機械工廠所製造，預計用於鹽業觀光鐵道的車輛，不過最後沒有實現而廢棄。不知台鹽鐵道的小火車，何時才有動態保存的一天？

最後運行的台鹽貨車廂，被保存在台鹽倉庫裡面。

當年布袋鹽場運行的車輛，如今被放在這裡等待重生，藍色的貴賓車最為特別。

台南七股的溪南春餐廳外面，保存一列國內某機械工廠所製造，預計用於鹽業觀光鐵道的車輛，不過最後沒有實現。

七股的鹽業博物館

鹽業博物館裡面所保存的日本 KATO 8噸柴油機車。

七股的鹽業博物館外觀，像一座白色的金字塔。

　　位於七股鹽廠旁的的台灣鹽業博物館，外觀像一座白色金字塔造型的建築物，由台鹽所創設，2005年元月正式開館。館內收藏台灣鹽業相關的機具與文物，圖片與資料十分豐富，可以看到台灣鹽業發展的完整歷史。裡面也展示保存若干的鹽田風貌，尤其保存日本 KATO 的8噸柴油機車，跟台灣林業鐵道所使用的車輛，幾乎完全相同，只不過顏色與噸數有別。而德國 SCHÖMA 的4噸柴油機車，則是非常地珍貴，因為台糖曾經使用過類似的車款，如今卻已經消失了。

　　看到七股的鹽業博物館，卻沒有保存鹽業鐵道，令人感到惋惜。對照中國青海鹽湖的鹽業鐵道，除了生產輸送鹽貨以外，也兼營鐵道觀光鹽業，難以理解為何在台灣，台鹽願意花費鉅資籌設博物館，或是設置鹽山這些精緻創意，卻為何無法讓七股或布袋的鹽業鐵道復駛呢？如果鹽場少了鐵道，沒有了運輸的動線，鹽業的運作將完全停擺，台灣實在不能忽略鹽鐵的貢獻啊！

鹽業博物館裡面所保存的鹽田風貌。

鹽業博物館裡面所保存的德國 SCHÖMA 4噸柴油機車。

昔日 KATO 製的台鹽小火車，陳列在七股鹽場的辦公室外面。

中國青海鹽湖　高原上的鹽鐵

600mm
gauge

青海茶卡鹽湖上的鹽業鐵道，柴油機車牽引鐵製的運鹽車，軌距為600mm。

對台灣島上人來說，總認為食鹽來自大海，其實食鹽可能來自湖泊等其他產地，而青海茶卡鹽湖，堪稱中國最大的鹽湖，位於青海柴達木盆地東部的烏蘭縣茶卡鎮。茶卡的藏語之意為「鹽海之濱」，當地蒙古的遊牧民族把它當作是海，總面積高達105平方公里，相當於杭州西湖的十幾倍，是柴達木盆地最有名的天然結晶鹽湖。在古時食鹽是重要物資，因此在交通不發達的年月裡，使得食鹽十分地珍貴。這裡生產的鹽粒晶大質純，是非常理想的食用鹽，因其鹽晶中含有礦物質，使鹽呈青黑色，故稱「青鹽」。茶卡的鹽生產量極大，據說可以讓全中國十幾億的人吃上幾十年。

在青海茶卡鹽湖上，目前還有的運鹽的鹽業鐵道，軌距為600mm。類似台灣的小型柴油機車，牽引鐵製的運鹽車，運鹽台車上裝滿白花花的鹽，將鹽運到終點之後，透過輸送帶將鹽聚集成鹽山。更重要的是鹽湖小火車，不止是運鹽而已，還可以運人，發展出休閒觀光事業。但是台灣布袋與七股擁有如此大的鹽場，卻受限於鐵道營業執照的發給，不能發展出鹽田小火車，實在是非常地可惜！

其實鹽業觀光，不只是中國而已，全世界都有類似的實例。例如波蘭的維利奇卡鹽礦，是歐洲最古老且目前仍在開採的鹽礦；鹽礦礦床長4公里，寬1.5公里，厚300-400公尺，通道更長達300多公里；迄今已開採了9層，深度為327公尺，1978年被UNESCO登錄為世界文化遺產。從1744年起就在礦井內修築了樓梯通道，裡面有許多雕像和裝飾品，

運鹽台車上裝滿白花花的鹽。

均用鹽礦精雕而成，著名的雕塑作品有達文西的作品《最後的晚餐》。而維利奇卡地下鹽城保留610mm軌距的鐵道，以及蓄電池機車，以及原有的鹽湖、祈禱堂和礦工們勞動場面的原貌。

將鹽運到終點之後，透過輸送帶將鹽聚集成鹽山

青海茶卡鹽湖上的鹽山。

鹽湖小火車不止是運鹽而已，還可以運人，發展休閒觀光事業。

搭乘鹽湖小火車觀賞鹽湖，鹽湖面積高達105平方公里，景色非常壯觀！

鹽礦也可以是世界文化遺產

波蘭的維利奇卡地下鹽城，已經榮登世界文化遺產。

維利奇卡地下鹽城保留610mm軌距的鐵道，以及蓄電池機車。

工程鐵道篇

軌距 1067mm 914mm 762mm 610mm

嘉南大圳的感動傳奇　八田與一的故事
台灣總督府土木局　施工用的蒸汽火車
日月潭大觀電廠的施工鐵道　神秘的電氣工事鐵道
日治時期的中油蒸汽火車　懷念的蹤影
台灣奇特的港區鐵道　基隆港務局鐵道　澎湖也有火車
國外特輯　前瞻與思考

1970年代嘉義北回歸線站，當時銜接中油的溶劑廠支線，這是日本車輛製造的B1蒸汽機車運行畫面，1067mm軌距。(張新裕 攝)

嘉南大圳的感動傳奇　八田與一的故事

八田與一的偉大功績，嘉南大圳的上游烏山頭水庫，也就是俗稱的「珊瑚潭」。

　　在台灣修築嘉南大圳，福澤廣被千萬人的水利工事；負責修築的八田與一，他一生所成就的感動傳奇，幾乎是台灣家喻戶曉的故事。嘉南大圳上游的烏山頭水庫，也就是俗稱的「珊瑚潭」，這個水壩工程從1920年開工，經歷將近十一個寒暑，於1930年4月10日竣工，工程包含了長1273公尺的大壩，長3122公尺的烏山引水隧道，以及嘉南平原綿密的水道。完工之後更躋身全球第三大水庫，嘉南平原的稻作，從一年一種可增加至一年四種，讓多少台灣農民感激不已！

　　然而八田並未因此而驕傲，不改其和善與親切的個性，民眾為他在水庫旁設置的塑像，他寧可選擇思考的坐姿，而非高傲的立姿，謙卑的精神令人敬佩！然而，他卻不幸在1942年5月8日，搭乘大洋丸號前往菲律賓途中，遭到美軍潛艇擊沉而殉職，舉世震驚！1945年日本戰敗後，9月1日其妻八田外代樹女士，在烏山頭水庫出水口投水自盡，恰巧是25年前嘉南大圳的開工日。淒絕美絕的感人故事，依然與水庫旁的塑像與墓園常相伴，每年5月8日固定在此地的追思會，訴不盡台灣人永恆的懷念。

　　儘管嘉南大圳的史料斑斑可考，但是關於其工事用的鐵道與火車，卻經常陷於五里霧中。其實，1921年烏山頭堰堤開工時，當時從番子田(隆田)到烏山頭工地，鋪有7.2公里1067mm軌距的聯絡線鐵路，部份路段與糖鐵番子田線共用，產生762mm+1067mm共用軌距，762mm還可連接糖鐵的大內線，結構極為複雜。八田與一原本希望引進標準軌的蒸汽機車，但是考慮到無法透過台灣縱貫線鐵道運送到工地，所以改成1067mm軌距；加上工地作業勤載運土石的台車，需要極強大的牽引力，八田堅持要0-8-0四動軸Tank的蒸汽機車。

　　因此，當時德國0-8-0蒸汽機車極少，BR81是唯一的一款，而嘉南大圳的款式是Henschel以BR81為基礎製造12部A型，從1435mm軌距內縮成1067mm軌距，1926年還以此藍本做成1000mm窄軌距的BR99-261。在嘉南大圳工事結束之後，這款蒸汽火車還被送往其他工地，戰後台鐵從新高港工地，接收了兩部A7與A12，被編成了台鐵的DK500型。這款車留下的老照片不多，還好感謝有謝嘉亨的陶藝作品，他把嘉南大圳DK500型蒸汽機車的模型，做得維妙維肖。

　　此外，由於嘉南大圳的鐵道有762mm軌距路網，所以不乏有762mm軌距的B型與更小的C型蒸汽機車，屬於總督府土木局所有。當然，目前烏山頭水庫的陳列的火車頭資料為比利時製，並不正確，該蒸汽機車應該是日本車輛製造，C型的二輛762mm軌距蒸汽機車，也可能由糖鐵所移轉而來。從嘉南大圳工事寫真帖中，還可以看見當年的C2蒸汽機車，行駛於當年嘉南大圳的水道橋上。經過八十年的歲月，當年的水道橋鋪上了公路，曾經作為台一線使用，然而對照昔日水道橋的風景依舊不變，不禁令人遙想起當年，火車行駛於水道橋上的風光。而工事用鐵道曾經如此燦爛，如今與鹽業鐵道，成為台灣輕便鐵道兩項沒有動態保存的體系，歷史幾乎被遺忘，如何能不感嘆呢？

八田與一的塑像，寧可選擇坐姿而非立姿，謙卑的精神令人敬佩！

嘉南大圳的殉工碑，刻有當年參與工事而犧牲者的姓名。

昔日嘉南大圳的C型蒸汽小火車，行駛於762mm軌距的鐵道上。下方即是官田溪的水道橋。（嘉南大圳工事寫真帖）

今日官田溪的水道橋，762mm軌距的鐵道，已經被拆除。與右圖同一地景對照，上面增添了公路，其餘不變。

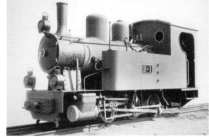

嘉南大圳B型蒸汽機車型式。（日本汽車會社圖面集）

嘉南大圳工事用鐵道的蒸汽機車資料表

編號	軌距	蒸汽火車軸配置	噸　數	製造廠商	製造年
A1-A12	1067mm	0-8-0 四動軸	56.0噸	德國 Henschel	1921年
B1-B2	762mm	0-6-0 三動軸	13.5噸	日本汽車會社	1921年
C1-C2	762mm	0-6-2 二動軸	9.5噸	※不確定	※不確定

※這款車牽引力不足，並不太適合做為工事用火車。依據日本車輛的資料，為1933年所生產，共有兩部，最後交給新興製糖使用。一種可能是當時日本車輛或德國 Henschel 所生產，只作為工事人員通勤之用途，完工後交給糖業鐵道使用，與以上資料無關。另一種可能，是這款車並未參與嘉南大圳的工事，該編號是後來總督府土木局所給予，1933年運到台灣之後，曾經土木局借用在番子田線（隆田線），擔任客貨運輸一段時間，後來轉移給糖業鐵道使用；所以該火車出現在老照片水道橋的時間，已經是在嘉南大圳完工之後。歷史真相還待有心人查考。

嘉南大圳C型蒸汽機車，如今放在烏山頭水庫。

德國 0-8-0 四動軸蒸汽機車極少，BR81是唯一的一款，嘉南大圳的款式是以 BR81 為基礎，從1435mm軌距內縮成1067mm軌距，整體做簡化修改。

鄭萬經老師傅所提供的老照片，台北機廠裡面的 DK502 蒸汽機車，1067mm軌距。

德國蒸汽機車以1435mm軌距居多，嘉南大圳12部蒸汽機車是 Henschel 製造少數的1067mm軌距，1926年以此藍本做成1000mm窄軌距的 BR99-261。(德國鐵道博物館檔案)

台鐵 DK500 型，嘉南大圳的A型蒸汽機車型式圖。(蘇昭旭 繪)

謝嘉亨的陶藝作品，把嘉南大圳的A型火車，也就是後來台鐵 DK500 型蒸汽機車的模型，做得維妙維肖。

日本汽車會社製造的施工用的蒸汽火車，屬於台灣總督府土木局，1921年製造，共有B-1與B-2兩部，762mm軌距。(日本汽車會社圖面集)

　　在日治時期有一個特別的施工單位，台灣總督府土木局，負責港口與水利設施的修築規劃工作。知名的八田與一技師，1911年就曾經擔任台灣總督府土木局土木課技手，這個單位後來變成內務局土木課，一樣要修築規劃若干工程與施工用鐵道。其軌道體系與台灣總督府鐵道部，也就是台鐵1067mm軌距體系完全獨立，因此出現762mm與610mm軌距的火車。

　　依據日本汽車會社的檔案，共有B-1與B-2兩部施工用的蒸汽火車，為1921年製造，都是762mm軌距，屬於台灣總督府土木局，時間剛好是嘉南大圳工事1920年動工的隔年，是否實地參與嘉南大圳施工，可以合理的推測，但是缺乏直接證據。雖然，這部蒸汽機車在台灣已經消失，但是根據日本汽車會社的資料，與1927年日本的耶馬溪鐵道的10號蒸汽機車幾乎相同，在日本還不難找到它的相關圖片。這款車最傳奇的故事，是台灣光復後一度被台鐵編為CK110型，台鐵僅有CK111一部，但是由於軌距不對，旋即停用，或轉往台東線或台糖鐵路使用。台鐵資料竟誤記為1927年，成為台灣鐵道史上的謎團。

屬於台灣總督府內務局土木課的早期內燃機車，1932年製造，共有三部，七噸重，610mm軌距，日本汽車會社製造。(日本汽車會社圖面集)

　　此外，屬於台灣總督府內務局土木課，還有早期七噸重的內燃機車，1932年製造，共有三部，610mm軌距，日本汽車會社製造。不過隔年1933年，台灣總督府內務局土木課，又增購兩部七噸重的內燃機車，一樣是610mm軌距，卻改由日本車輛製造。可見得當時土木工程的鐵道，已經悄悄地邁向動力內燃機化的時代。

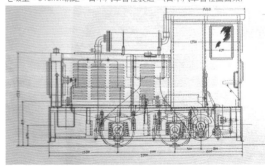

1933年台灣總督府內務局土木課，又增購兩部七噸重內燃機車，一樣是610mm軌距。(日本車輛的歷史圖面集)

日月潭大觀電廠的施工鐵道　　神秘的電氣工事鐵道

610mm
1067mm
gauge

當時日月潭周邊工事，鐵路電力機車為開放式 Gondola，供電只透過一個集電桿 Trolley。（台灣電力株式會社歷史檔案）

西元1919年台灣電力株式會社成立，也就是今日台電公司的前身，為了興建日月潭大觀水力發電廠，特別鋪設專用的1067mm軌距鐵道，以運送建造電廠所需的器材連接至二水，1922年正式全面通車。西元1927年，總督府鐵道部收購了這條鐵路，成為官營鐵道的一條，西元1937年，大觀發電廠竣工之後，當時發電量幾乎就佔台灣全島的一半，原有工程結束後，施工人員撤離，這段鐵路仍繼續使用，這就是今日台鐵集集線的由來。

其實一般人並不知道，集集線的起點在二水，終點並非止於車埕，終點是從車埕延伸至門牌潭，也就是今日大觀電廠的所在位置，稱為「外車埕線」。這條1923年通車的外車埕線，為1067mm軌距，今日鐵路消失主要成為南投的131線道，沿線上共有四座隧道。1980年代開始，車埕上方的明潭與明湖開始蓄水，如今保存三號石造的古隧道，最為經典。隧道兩端還有管制車輛單線通行交會的號誌。最後電廠前面的大觀橋，其實原本是一座跨越水里溪的鐵道橋，昔日火車經此地通到電廠，如今橋面改鋪成公路。

此外，1920年當時台灣電力株式會社，修築的大觀電廠的施工用鐵道，不止是一條神秘的電氣工事鐵道，也是台灣第一條的電氣化鐵道。鐵路為610mm軌距，電力機車為開放式Gondola，供電只透過一個集電桿Trolley，鐵路電氣化為其最大特徵。同時期在日本輕井澤附近的「草津電氣鐵道」，北海道的礦業鐵道電力機車，與台灣大觀電廠的電氣鐵道，車輛構造十分接近。當年而水里溪畔的築壩工程用鐵道，一樣是610mm軌距，有很多載運砂石的工程車，當年築壩的小型火車，與台灣礦業用0-4-0的蒸汽機車十分近似。今日雖然沒有完整相片出土，但是透過林松雄老師傅完成的迷你蒸汽機車，雖然是基隆煤礦，但是軌距體系相同，非常接近當年蒸汽機車的構造呢！

（特別感謝林鈺峰先生提供台灣電力株式會社歷史檔案）

日月潭大觀電廠的水輪機與發電機組。

日月潭大觀電廠的外觀。

水里溪畔的築壩工程用鐵道，610mm軌距，有很多載運砂石的工程車。（台灣電力株式會社歷史檔案）

日月潭大觀電廠的施工鐵道 神秘的電氣工事鐵道

1920年大觀電廠的開始施工，日月潭周邊工事用鐵道，為610mm軌距，鐵路電氣化為其最大特徵。（台灣電力株式會社歷史檔案）

一樣誕生在1920年，在日本輕井澤附近營運的電氣化「草津電氣鐵道」，與台灣大觀電廠的電氣鐵道，車輛構造十分接近。

一樣為610mm軌距，保存於日本北海道的礦業鐵道電力機車。

當年築壩的小型蒸汽機車，雖然沒有完整相片出土，這部林松雄老師傅完成的蒸汽機車，卻非常接近當年 0-4-0 蒸汽機車的構造。

電廠築水壩工程用的鐵道，使用小型0-4-0的蒸汽機車做為動力。

集集線的終點並非止於車埕，而是從車埕延伸至門牌潭，也就是今日大觀電廠的所在位置。這座公路的大觀橋，其實是一座鐵道橋，可以通到電廠。

雖然這裡不會出現台糖小火車，但是這張解說牌，卻忠實呈現這是一個鐵路隧道的淵源。

1923年通車的外車埕線，為1067mm軌距，如今保存這座三號石造古隧道，最為經典；隧道兩端還有管制車輛單線通行交會的號誌。

這部B1日本車輛製造的0-4-0蒸汽機車，堪稱為早期中油蒸汽火車的代表，北回歸線站。(古仁榮 攝)

　　台灣拓殖株式會社，也就是今日中油公司的前身，在1937年修築完工一條「台拓化學會社線」，也就是戰後的北回歸線支線，從縱貫線的北回歸線站，連接到後來的中油嘉義溶劑廠，全長4.5公里。這條路線上有兩部蒸汽機車，B1與B2為日本車輛製造，造型十分特別，連日本國內都不常見。這款0-4-0蒸汽機車，只有兩動輪十分輕巧，堪稱為早期中油蒸汽火車的代表，即使到了1976年都還在使用，當時連台灣拓殖株式會社的圓形社徽都還清晰可見，只可惜最後報廢之後，竟沒有留下來。

　　這款火車與這條路線，堪稱是台灣二次大戰中很重要的史料，因為這條路線也連接到今日嘉義水上機場，當時日軍第十四飛行中隊，零式戰機的基地。在二次大戰期間，由於石油進口短缺，所以用嘉南平原的農作物，發展出「生質能源」的代用酒精，混合於航空燃料中，以填補燃料的不足。很可惜在2002年中油停用之後，嘉義縣政府也未加珍惜保存，成為「嘉油鐵馬道」。如果能夠原路線就地保存，開行區間車或輕軌電車，嘉義市不就有一條現成的輕軌路線了嗎？

今日北回歸線的太陽塔。

當年蒸汽機車行駛於北回歸線支線，與右側的縱貫鐵路平行。正面的B1為當年的編號，連台灣拓殖株式會社的圓形社徽都還清晰可見。

1937年完工的北回歸線支線，與日軍零式戰機等航空燃料的生產，有很大的關連。（日本大和戰艦博物館）

台灣奇特的港區鐵道　　基隆港務局鐵道　澎湖也有火車

610mm / 914mm gauge

基隆港區專用的蒸汽機車，914mm軌距，1921年日本汽車會社製造。(取材自日本汽車會社圖面集)

台灣鐵道史上也有914mm軌距的火車，您相信嗎？

根據日本汽車會社的歷史檔案，日治時期基隆港區專用的蒸汽機車，為三英尺（914mm）軌距，為1921年日本汽車會社製造，當時至少有兩部。就圖面結構來看，幾乎等於是總督府土木局B-1類型的蒸汽機車，只是將軌距略為加寬而已。原始資料載明為台灣總督府基隆出張所，可能屬於港務的貨運線專用，也可能為屬於日本海軍所有，不過今日已經無處可尋。幾乎無論如何，這款火車為台灣鐵道史，增添了一種稀有軌距。

此外，一般人總認為澎湖沒有火車，其實在日治時期的澎湖海軍軍港，有海軍的專用T11型蒸汽機車，為610mm軌距，重量僅僅6噸，當時至少有十部，日本雨宮製作所製作。台灣光復之後，這批火車轉手至侯硐瑞三煤礦，後來作為瑞三煤礦與台鐵侯硐站的貨運線，專用的調車機車；所以機車拓寬軌距為1067mm，最後保存一部於台中的民俗公園。（詳見P.194頁）

當年澎湖海軍軍港專用蒸汽機車，想像的運行圖。(蘇昭旭畫)

昔日的澎湖海軍軍港專用蒸汽機車，原始為610mm軌距，轉手至侯硐瑞三煤礦拓寬軌距為1067mm，最後保存一部於台中的民俗公園。

（感謝蘇奕肇考證T11是雨宮所製造的資訊）

二次大戰時期，日本海軍在台灣的港口與海上集結，只能透過軍事模型去想像了。

日本的窄軌登山鐵道　黑部峽谷鐵道

762mm gauge

日本的窄軌登山鐵道 黑部峽谷鐵道

浩浩蕩蕩長長的一列，黑部峽谷鐵道的火車，通過新山彥大橋。

富山地方鐵道的終點宇奈月溫泉站，黑部峽谷鐵道由此地換車。

黑部峽谷鐵道的起點車站。後方的山嵐與峽谷，給人無限的旅程想像。

　　日本北阿爾卑斯的立山連峰的黑部峽谷，長86公里、落差3000公尺，由於黑部川流經其間，長期的侵蝕而形成的谷地，故稱為黑部峽谷。在台灣享有很高的知名度。大正時期日本人利用黑部川，做為水力發電的工程而鋪設762mm窄軌鐵道，早年為電力公司的專用鐵路，西元1971年時從關西電力獨立出來，成為今日的黑部峽谷鐵道。直到現在，黑部峽谷トロツコ電車仍是最受遊客歡迎的秘境電車之旅。旅客必須從富山搭一段1067mm富山地方鐵道，到達宇奈月車站。然後搭乘黑部峽谷的762mm窄軌山岳鐵道，從宇奈月到櫸平，全長20.1公里，在長達1小時18分的旅行中，感受深山環抱，登山鐵道運行的美麗風景。

　　由於黑部峽谷鐵道實在是太漂亮了，遊客實在是絡繹不絕，宛如台灣的太魯閣峽谷，只用鐵道運輸，不用公路來運行的風景。橘紅色的小火車載著遊客，緩緩駛離宇奈月車站，通過新山彥大橋，這是黑部峽谷鐵道最為的經典風景，通過新柳河原發電所，有些火車會開入車站城堡裡面，宛如置身於歐洲一般。火車一路鳴著汽笛穿山越水，駛過橋梁隧道，行駛過宏偉電廠與蒼翠杉林，電車僅以時速16公里，緩緩前進著，旅客飽覽峽谷間大自然鬼斧神工雕琢出的壯麗景觀，真的是教人畢生難忘。

　　然而，台灣昔日的電廠鐵道，似乎就永遠走入歷史，只能從老照片中去回顧，工程用鐵道在工事完成後再利用，發展成觀光鐵道，不但就是最好的山林觀光資源，而且還有一番懷舊風味呢！

鐵道沿途壯麗的景緻，氣氛猶如國畫一般。

柳橋火車站的城堡造型，宛如置身於歐洲。

火車出發的月台與負責販售推車的小姐。

黑部峽谷鐵道在貓又穿越溪谷的橋樑，通往電廠的支線。

這是黑部峽谷鐵道，專門用於客運的762mm軌距電力機車。

這是黑部峽谷鐵道，專門用於貨運的762mm軌距電力機車。

雖然是762mm軌距，可是也有大型的貨車，這是專門載運發電機等大型組件的大物車。

日本的纜索斜坑鐵道 青函海底隧道龍飛斜坑線

日本的纜索斜坑鐵道　青函海底隧道龍飛斜坑線

gauge 940mm

這是日本的青函海底隧道龍飛斜坑線，纜索斜坑鐵道的纜車起點站。斜坑的體驗車的軌距為940mm，非常地特別！

　　1988年開通的青函海底隧道，全長53.850公里，其中海面下的路段23.30公里，是全球第一長的海底隧道，尤其是青函海底隧道深達海面下240m，全世界無可出其右，並預留軌道淨空，以1067mm與1435mm軌距的三線版式軌道，即可讓新幹線通過海底隧道，從青森通往北海道。因此，在本州與北海道各有一個斜坑，分別為竜飛海底站與吉岡海底站，目前開放參觀僅只本州竜飛海底站，不過停靠與參觀有「限定班次」，搭乘斜坑的體驗火車可通達至地表，地表設有青函隧道紀念館可以參觀。

　　該館限定4月25日至11月10日有效，入館參觀券必須搭車時事先購買，乘車券760日元，青函隧道紀念館參觀券還得花300日元。這種深達地底的纜車軌距為940mm，非常地特別！斜坑的體驗車778公尺，歷時9分鐘，最重要的它不是遊園車，而是鐵道，並且還是日本國土交通省所核可登記最短的鐵道體系，並成為世界記錄。對於台灣以遊樂區機械限制輕便鐵道發展，無疑是當頭棒喝！這麼深的海底都可以發展觀光，因此，如果還有人說工程鐵道安全堪虞，還有禁區禁止參觀，不可能發展觀光，往往只是多一事不如少一事的藉口而已。

青函海底隧道的龍飛斜坑線位置圖。

ドキドキ体験ゾーン 体験坑道

竜飛 0.0Km ←→ 23.1Km 吉岡

經歷過海底隧道的龍飛斜坑線，就可以獲得這派體驗證書。

這是海底隧道安全撤離的步道，從海底的龍飛站，走到吉岡有23公里長。

斜坑鐵道的門打開，壓力調整成與海底相同，耳朵會感到些許不適。

這是青函海底隧道的海底車站，還有JR的站長執勤服務。

這是通往海底隧道的斜坑鐵道風光，也是全世界最特別的鐵道風景。

青函海底隧道的內部，火車通過三線軌道的情景。

海底車站標示海面下140公尺，是目前全世界有客運營運，最深的海底車站。

海底隧道內尚有支線，軌距為3英尺914mm。

海底隧道保存許多當年施工的車輛，做為博物館展示。

昔日施工用的蓄電池車輛，軌距為3英尺914mm。

礦業鐵道篇

軌距 1067mm　762mm

610mm　508mm　495mm

黝黑的歲月　台灣的煤礦鐵道小火車
淘金鎮傳奇　台灣的金礦鐵道小火車
新平溪煤礦鐵道與煤礦博物館小火車
三峽煤礦最後保存的蒸汽小火車
珍惜有心人　新聯興的感動傳奇
國外特輯　前瞻與思考

1960年代瑞三煤礦蒸汽火車，508mm軌距。(杉行夫 攝)

黝黑的歲月　台灣的煤礦鐵道小火車

基隆煤礦5噸的蒸汽機車運行，右邊是友蚋溪上的橋。(蘇昭旭畫)

在台灣的輕便鐵道體系中，礦業鐵道文化的動態保存，實在是缺憾的一頁。台灣在1876年創立基隆八斗子的煤礦，以利煤礦台車的輸送，當時就有人力台車鐵道的存在，堪稱台灣最早的鐵道體系，比劉銘傳1887年創業還早許多。不過，由於1984年煤山與海山煤礦災變之後，政府對於煤礦開採採取消極政策，以至於礦業快速沒落，1990年僅存最大規模的瑞三煤礦終於停工，相關的鐵道車輛也沒有妥善加以保存。2001年納莉颱風來襲，瑞三煤礦的車庫遭大水湧入泥漿灌注，當時車庫裡僅搶救出數部柴油機車，其餘爛泥未除被送到廢鐵廠，今日多數火車已經遭到拆解。

台灣礦業鐵道的軌距複雜與多元，實在也令人難以想像，包含1067mm、762mm、610mm、508mm、495mm五種。如台陽礦業公司與瑞三煤礦，都有1067mm軌距火車以銜接平溪線，而金瓜石礦業鐵道與金瓜石線（深澳線前身）為762mm軌距，而多數台灣的煤礦的礦坑鐵道，皆以610mm與508mm軌距居多，如五堵基隆煤礦（610mm）與瑞三煤礦（508mm），最小的鐵道族群，新平溪煤礦使用495mm軌距的台車鐵道。只不過軌條特別地細，每英尺9-16磅而已。

台灣礦業鐵道的蒸汽機車，除了昔日的三峽煤礦，挖掘出兩部蒸汽火車以外，目前國內保存很少，也還沒有復駛的紀錄。然而，五堵基隆煤礦的蒸汽小火車，雖然在1977年5月停駛，但是透過一群有心人的努力，日本的羅須地人鐵道協會，目前有兩部蒸汽機車，被完整保存在日本的成田夢牧場，羅須地人鐵道協會所鋪設的610mm軌距的鐵道，動態保存運行。這兩部水櫃式蒸汽機車，包含3號的3.5噸、1936年大阪楠木製作所製，1971年被採購送往日本；以及另一部6號的3.5噸、1941年大阪楠木製作所製，1978年採購送回日本，成為日本國內極少數，可以動態運行的610mm軌距的蒸汽機車。在那個鐵道文化資產不被重視的時代，多數的火車被當廢鐵賤賣，這幾部火車卻幸運地被外國人買走，並加以妥善保存，是多麼諷刺的事。（詳見P.202頁）

此外，在台灣的瑞三煤礦，有一段很特別的蒸汽火車傳奇，原本該礦區在1925年為日本海軍所有，1949年才轉讓給瑞三煤礦。在日治時期的澎湖海軍軍港，至少有十部專用的蒸汽機車，原本為610mm軌距，重量僅僅6噸；高壓蒸汽包直接置於鍋爐上方呈長條狀，蒸汽閥門拉桿連接至駕駛室，這是早年輕便鐵道的蒸汽火車，所使用的簡易構造。在台灣光復之後，這批火車轉手至侯硐瑞三煤礦，原始為610mm軌距的車軸，被拓寬至1067mm的軌距，原本610mm的軌距的小火車，車體被拓寬之後，鍋爐兩側的水櫃都加寬了，作為瑞三煤礦連接台鐵侯硐站，貨運線專用的調車機車。瑞三煤礦於1990年停工之後，多數蒸汽火車已經報廢消失，最後保存一部於台中的民俗公園。

（非常感謝宋鴻康前輩提供圖面資訊，以及國寶級老師傅鄭萬經前輩親口確認此事，而使歷史真相大白）

昔日瑞三煤礦的運煤列車，自瑞三本礦坑口駛出的畫面。(周章淋提供)

1960年代，五堵基隆煤礦的蒸汽機車運行的畫面，610mm軌距。(杉行夫攝)

瑞三煤礦的內燃機車，今日保存於菁桐車站外面，508mm軌距。

昔日瑞三煤礦侯硐車站外面的風光，注意1067mm軌距蒸汽火車在左側。
(周章淋提供)

黝黑的歲月 台灣的煤礦鐵道小火車

2001年納莉颱風來襲，瑞三煤礦的車庫遭大水湧入泥漿灌注，當時車庫裡的柴
油機車群的爛泥未除，被送到廢鐵廠的歷史畫面，今日多數火車已遭拆解。

瑞三煤礦的內燃機車，今日保存於猴硐車站外面，508mm軌距。

瑞三煤礦的3號內燃機車，曾經一度被整理完好，展示於台北兒童交通博物館。

昔日瑞三煤礦的運煤列車，行駛於猴硐附近的鏡頭。(周章淋提供)

基隆煤礦五堵調度站，許多610mm軌距的火車在此地待發。右側車身側邊有水箱者為5噸蒸汽機車，前方與左側沒有水箱者為3.5噸蒸汽機車。(杉行夫攝)

基隆煤礦5噸蒸汽機車，行駛於泥濘之地。(杉行夫攝)

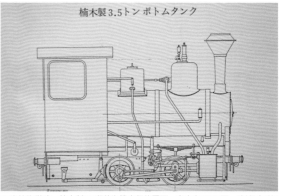

楠木製3.5トンボトムタンク

五堵基隆煤礦，楠木製3.5噸蒸汽機車行的圖面，實車在P.202頁。(杉行夫 繪)

這是林松雄老師傅製作的蒸汽火車運轉模型，近似基隆煤礦5噸蒸汽機車。

瑞三煤礦的蒸汽火車傳奇 1067mm軌距

被保存在台中民俗公園的瑞三煤礦的蒸汽火車，軌距1067mm。

這輛火車原始為610mm軌距的車軸，被拓寬至1067mm的軌距，這是車軸被延長的接合痕跡。

原本610mm的軌距的小火車，車體被拓寬之後，鍋爐兩側的水櫃都加寬了。

汽缸、活塞、十字頭等機械結構，跟原始設計相比，沒有太大的改變。

高壓蒸氣包直接置於鍋爐上方呈長條狀，蒸汽閥門拉桿連接至駕駛室，許多早年輕便鐵道蒸汽火車，會有這種簡易的構造。

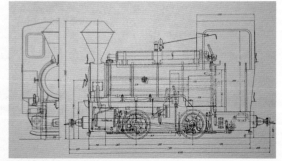

瑞三煤礦的蒸汽火車源自澎湖馬公海軍的蒸汽機車，這是日本車輛的原始設計圖。依蘇奕肇考證應為日本雨宮所製作。

昔日瑞三煤礦的蒸汽火車在侯硐調車廠的景像。（1967年世界的鐵道）

194

黝黑的歲月 台灣的煤礦鐵道小火車

淘金鎮傳奇　台灣的金礦鐵道小火車

金瓜石最具代表性的地標，煉銅廠「十三層遺址」。

　　談到台灣的淘金鎮傳奇，不免會想到台北縣的金瓜石金礦鐵道。1930年8月，當時日本礦業株式會社為了開採金銅礦床，金瓜石礦山鐵道正式誕生，軌距為508mm，並使用小型電力機車採礦，時間僅次於1919年日月潭的工事鐵道，其樣貌類似新平溪煤礦「獨眼小僧」。該礦山透過無極索道與台車鐵道，從濂洞（水湳洞）一路爬升到黃金神社附近，礦山原始海拔高度最高為638公尺，本山一坑、二坑及三坑在改為露天開採後已經剷平，目前海拔高度為505公尺，八坑及九坑已經在海平面下，目前僅保留金瓜石本山五坑的坑口，為紅磚建築的隧道口，成為今日「黃金博物園區」的所在地。1986年台灣金屬礦業公司停採之後，昔日煉銅廠的「十三層遺址」，成了金瓜石最具代表性的地標。

　　此外，1935年為了將金瓜石山區所開採出來的金礦、銅礦等礦砂輸出，在礦山下的水湳洞，建造了一條762mm軌距的輕便鐵道，以運送礦砂抵達粳仔寮港（海濱站）。隔年1936年，配合八尺門港旁的礦砂裝船場完工，再將原鐵道延伸經過深澳、八斗子延伸至基隆八尺門港，全長計12.2公里，稱為「金瓜石線」。當時這條路線上兼營客貨運，從日本車輛的資料中可以發現，當時有3部762mm軌距的小型內燃機車，而且金瓜石線鐵道的汽油客車，雙端皆圓頭的構造，類似早年台灣東線鐵道。

　　因此，這條金瓜石線不只是一條礦產的輕便鐵道，也是民眾往來瑞芳基隆間的運輸通道，光復以後，1955年金瓜石線

美麗的金瓜石山城風貌。

改屬台灣金屬礦業公司「台金」公司。不過在1965年4月8日，台鐵為運送煤炭至深澳火力電廠，利用金瓜石線的舊路基，從瑞芳至深澳6.0公里拓寬成1067mm軌距，深澳線正式誕生，這段期間金瓜石線仍然營運。兩年之後，1967年10月31日，深澳線鐵路正式延長至濂洞，金瓜石線便正式功成身退，成為台灣鐵路史上，第一條762mm拓寬1067mm軌距延續使用的路線。

昔日的金瓜石輕便台車路線，如今隧道被完整保存下來。

長仁三坑的輕便台車隧道口。

金瓜石知名的景點之一，黃金瀑布。

昔日金瓜石本山五坑的紅磚隧道口。

本山五坑隧道口前方，廢棄的金瓜石輕便台車。

淘金鎮傳奇　台灣的金礦鐵道小火車

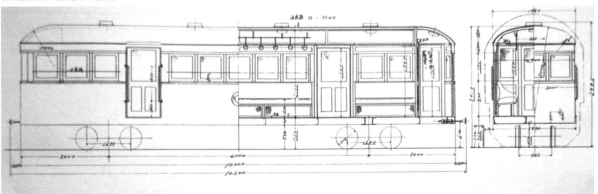

金瓜石線鐵道的客車，雙端皆圓頭的構造類似早年台灣東線鐵道。（日本車輛的圖面集）

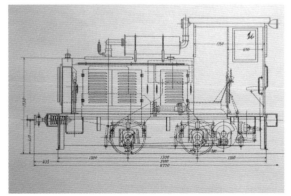

令瓜石線鐵道的內燃機車，762mm軌距。（日本車輛的圖面集）

金瓜石線鐵道的遺址之一，台鐵深澳線的八斗子隧道口，已經改成1067mm軌距。

新平溪煤礦鐵道與煤礦博物館小火車

新平溪煤礦鐵道的降煤場。

　　1965年成立於台北縣平溪鄉的「新平溪煤礦」，是間相當年輕的煤礦公司，1967年開始產煤，軌距為1呎7.5吋，也就是最小的495mm軌距台車鐵道。它最為人所津津樂道的，並非其礦車，而是牽引礦業台車的電力機車；由於前方有一個圓窗，其車頭造型可愛又有趣，被戲稱為「獨眼小僧」。該機車主要動力來源，是上方220V的高壓電線，透過集電弓傳送至車體的兩顆大馬達，可以產生13.5匹的馬力，約可以拉動二、三十節的礦車，並改善柴油機車在礦坑內的廢氣排放問題。雖然，新平溪煤礦不是台灣唯一，也不是最早的輕便鐵道電力機車體系，但是他的獨特風貌，宛若金瓜石與日月潭工事鐵道，電力小火車復活一般，吸引許多人前往參觀，還不乏許多日本人專程前來探訪。

　　然而，隨著煤礦產量的枯竭，新平溪煤礦於1997年停止開採，旋即宣告走入歷史。嘆息聲此起彼落，當時新平溪煤礦鐵道的電力機車「獨眼小僧」，成群地放在車庫裡面，要求保存的聲音不絕於耳，還曾經一度被展示於台北兒童交通博物館。於是為了記錄這段礦業史蹟，護台灣煤礦業相關文物與史料，遂將礦場規畫為「台灣煤礦博物館」，2002年10月10日正式開幕。該館除了完整展現煤礦開採與運輸流程之外，館長還著手改造當年的礦坑，可以進去參觀，目前只有台灣煤礦博物館，仍保留一段動態復駛的礦業鐵道。

　　而「獨眼小僧」的動態保存，是台灣煤礦博物館的重頭戲，路線約長1.2公里，也讓台灣的礦業鐵道，不致在動態

台灣煤礦博物館的戶外展示空間，可以看見新平溪煤礦 U-Turn 環形鐵道。

保存的舞台上缺席。最早的一部7號，向日立公司購買，6、7號為附駕駛座車頂形式，還有兩部為日本進口，2、3、5號為無駕駛座車頂形式，這三部為台灣自行拼裝。後來業者將四台電力車頭的零件，重新裝於另外二部電車頭，改成蓄電池動力修復行駛，如今還能搭乘到台灣的國寶級迷你電車「獨眼小僧」，有種時光回溯的感覺，實在是一種幸福的滋味！

新平溪煤礦鐵道的電力機車「獨眼小僧」，成群地放在車庫裡面。

在一片林蔭中運行的煤礦 Torokko 觀光列車，495mm軌距鐵道。

獨眼小僧牽引煤礦 Torokko 觀光列車的風光。

昔日運煤卸煤的翻車台。

新平溪煤礦鐵道的採礦運輸流程。（台灣煤礦博物館的網頁資料）

獨眼小僧牽引煤礦台車，曾經一度被展示於台北兒童交通博物館。

三峽煤礦最後保存的蒸汽小火車

三峽煤礦所使用的610mm軌距，0-6-0水櫃式的蒸汽火車，A2號(2號機)目前放在新營的新聯興工廠。

　　原本已經消失的三峽煤礦，後來竟因為工地施工，挖掘出兩部昔日的蒸汽火車，而受到很大的關注。該礦業鐵道為610mm軌距，出土的兩部蒸汽火車A1與A2，都是昭和17年（1942年）3月，台灣鐵工所製造。這款0-6-0水櫃式的蒸汽火車，堪稱台灣最後保存的礦業蒸汽火車。至2010年底為止，A1號（1號）目前陳列於中和市德光路某社區內的中庭，為私人所收藏，這部火車保存狀況較佳，還有壓縮空氣儲氣槽；而A2號（2號機）損毀比較嚴重，曾經停放在台北土城的一座工廠空地等待整修，後來交給新營的新聯興工廠整修完成。

三峽煤礦的1號機，台灣鐵工所製造的銘板。

　　雖然這兩部火車的持有者，並無意使它動態復駛，也找不到合適的場地。如果可以讓它動態保存，在台糖的鐵道園區鋪設610mm軌距路線，或是找目前現有的六福村鐵道，對於台灣的礦業鐵道文化的動態保存，不再是缺角的一頁，實在是功德一件啊！

整修好的三峽煤礦蒸汽機車，還有壓縮空氣儲氣朝槽。

三峽煤礦A1號(1號) 610mm軌距的蒸汽火車。目前陳列於中和市德光路某社區內的中庭。

珍惜有心人　新聯興的感動傳奇

創立於1931年迄今，已經有八十年歲月的新聯興鐵木工廠。三峽炭礦的2號蒸汽機車，從土城工廠剛送到新聯興鐵木工廠，等待整修的畫面。

　　位於台南新營的新聯興鐵木工廠，創立於1931年迄今，已經有八十年歲月的歷史，老闆娘為陳玉華。這家是台灣少數具備修造蒸汽機車能力的工廠，包含鍋爐製造與修復機械結構。台糖復駛的烏樹林370號，與溪湖糖廠的346號，都是新聯興鐵木工廠的傑作。因此，1942年三峽炭礦的2號蒸汽機車，出土之後雖然殘破不堪，後來被送到這裡整修，如今已經煥然一新，成為台灣極少數保存的礦業鐵道蒸汽機車，讓我們向這群鐵道文化的保存工作者致敬！

鍋爐從車體分離，重新整修其表面，由於並未打算復活，舊鍋爐繼續使用。

水櫃與駕駛室先必須拆下來分離處理，噴上防銹底漆。

鍋爐從車架的部分已經銹蝕嚴重，必須更新零件，強化車體的骨架。

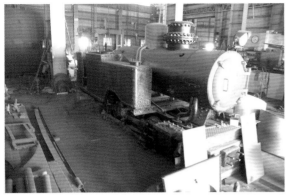

鍋爐、水櫃、駕駛室依序裝回整修好的車架。

車身噴上黑色的油漆,開始有了重生的新光采。

駕駛室內部的鍋爐與右側駕駛的操縱桿,也煥然一新!

過去日本車輛最為經典的駕駛室圓窗,以及金銅色的汽笛與安全閥。

台灣鐵工所昭和17年(1942年)3月製造。整修完成後貼回車身。

三峽煤礦的2號機,台灣鐵工所製造的銘板。

由於火車並未打算復活行走,因此車輪行走部只是噴砂處理就好,並沒有拋光潤滑的連桿。

前方的連結器特寫,為了適應不同的煤車連結器高度,因此連結面必須有三層不同的高度。

三峽炭礦的2號蒸汽機車完工的樣貌。

推動整修工程的有心人,新聯興的老板娘陳玉華。

日本的成田夢牧場　基隆煤礦的蒸汽火車復活

610mm gauge

基隆煤礦的3號3.5噸蒸汽機車，在日本的成田夢牧場保存運行，610mm軌距。

日本的成田夢牧場　基隆煤礦的蒸汽火車復活

　　羅須地人鐵道協會，是一個日本熱衷保存輕便鐵道的 NPO 組織，成立初期曾經使用糸魚川鐵道的工場專用線，以做為保存鐵道運行。不過1982年該專用線廢止之後，活動一度暫停，並在井川線的接岨峽溫泉車站旁，鋪設保存鐵道才延續其動態保存活動。直到1992年4月20日，終於在成田夢牧場獲得了較大的空間，完成其環行鐵道路線的鋪設，有月台也有車庫，車輛保存與修復也更加完善。該路線與立山砂防工事專用線、碓冰嶺鐵道文化村，成為日本現有三條610mm軌距的保存鐵道。在成田夢牧場搭乘火車繞行一圈約420公尺，每趟400日元，該收入做為保存與修復蒸汽機車的經費。不過最重要的，是看到台灣五堵基隆煤礦的蒸汽小火車，3號與6號在此地復活運行。來到這裡看到台灣的廢棄的火車，成為外國人珍惜的文化財，我們如何能不慚愧呢？

這是從車廂的角度，觀賞列車的遊園路線。

車庫裡保養中的 3號3.5噸水櫃式蒸汽機車，楠木製作所製造。

車庫裡另外一部6號3.5噸水櫃式蒸汽機車，楠木製作所製造。

日本橫川的輕便鐵道蒸汽火車

橫川碓冰嶺鐵道文化村的610mm軌距園區路線，來自英國製造的蒸汽機車正冒著白煙行駛。

1893年日本鐵路最大的坡度瓶頸，是從橫川至輕井澤之間，高達千分之六十六點七的「碓冰嶺」。當時日本鋪設最早的ABt式齒軌，1963年雙線電氣化，將齒軌路段取消；1997年9月30日，該瓶頸路段以時速270公里的長野新幹線取代，此情此景便走入了歷史。有鑒於碓冰嶺鐵道具有高度的紀念價值，1999年4月，東日本鐵道公司將橫川機關區整地，闢建一超大型鐵道博物館，並有鋪有輕便鐵道，讓蒸汽機車運轉，成為佔地最大的鐵道博物館—「碓氷峠鐵道文化村」，以敘述從1893年起，日本開拓碓冰嶺的舊山線鐵道傳奇。

不過在博物館的園區內空間有限，終究不可能讓明治時期的蒸汽機車復駛，因此如何正確傳達碓冰嶺鐵道古蹟的意像，成為輕便鐵道運行的景觀重點。於是在該園區內鋪設800公尺長的遊園鐵道路線，610mm軌距的輕便鐵道，並使用1998年英國製造的 Green Breeze 號蒸汽機車，牽引兩節客車運行約需時5分鐘。沿線最大的賣點，就在蒸汽機車正冒著白煙行駛通過磚拱橋，平日某些班次，偶而也會以柴油機車代勞，讓參觀遊客可以真實體驗日本「舊山線」碓冰嶺的重生。也成功地讓低成本的輕便鐵道，作為古蹟保存意像的縮影，值得國人參考。

日本碓冰嶺的磚拱橋是旅遊重點，因此成為小火車運行景觀設計的重點。

鐵道文化村的園區路線，偶而也會以柴油機車代勞。

東線鐵道篇

軌距 1067mm　762mm

窄軌高速化　台東線輕便鐵道的一頁傳奇
昔日台東線的輕便鐵道車輛
今日保存的台東線鐵道車輛
拓寬軌距之後的東線小叮噹
小叮噹變成鐵道餐廳的心酸
黃皮仔塗裝客車的復活之路
LDT103　全球少見的762mm煤水車式蒸汽機車
LDK58　LDK59　東線蒸汽機車的重生之路
珍惜有心人　仕佳興業的感動傳奇
國外特輯　前瞻與思考

LDK59是目前東線鐵道唯一復駛的蒸汽機車，762mm軌距。

窄軌高速化　台東線輕便鐵道的一頁傳奇

762mm
1067mm
gauge

昔日台灣東線的窄軌高速化，窄軌柴油客車可以行駛至70-80公里以上，是台東線輕便鐵道歷史，不朽的一頁傳奇。(蘇昭旭畫)

　　台灣的輕便鐵道體系，只有台東線鐵路，擁有許多其他體系無可相比的傲人紀錄。包含拓寬軌距762mm變成1067mm軌距，行車速度最快的歷史紀錄，還有東線光華號、柴油客車、柴液機車拓寬軌距繼續使用，以及唯一自製柴液機車，這四項光榮的紀錄，成就台灣東線輕便鐵道歷史上，不朽的一頁傳奇。

　　一般人無法想像，在過去東線762mm窄軌的時代，1968年11月1日起，東線光華號 LDR2300 型以一動二拖的編組，正式在花蓮——台東間行駛，當時全長170.4公里僅停靠八站，行車時間只需3小時又10分鐘，創下762mm輕便窄軌鐵道，時速70-80公里以上的世界紀錄，更是日本旅客來台觀光矚目的焦點。而東線窄軌高速化的奇蹟，主要的原因是日治時期，台鐵的東線鐵路，是以1067mm軌距的建築標準，成為台灣最具運輸規模的762mm軌距的窄軌鐵道。這使得台灣光復之後，東線鐵路柴油化之後，有很大的速度提升空間，成為東部民眾的永恆驕傲。即使是東線鐵路拓寬之後，變成了小叮噹柴快，嬌小的身軀，快速的奔馳，仍然是東部民眾永恆鮮明的記憶。

　　1968年起的東線鐵路窄軌高速化，除了東線光華號以外，還有引進柴液機車，動力柴油化。1970年在當時物力維艱的時代，花蓮機廠使用報廢的柴油客車零件，自製LDH101 柴液機車，成為劃時代的一項里程碑。同時自1969年起，台鐵自日本引進 LDH200 型柴液機車12部，係由日本

1970年花蓮機廠自製 LDH101 柴液機車，機車完工時與鐵路局長和美國顧問等相關外賓合影。(宋鴻康 提供)

車輛製造，行車速度可達70公里。這批車輛除了提升客運的速度以外，也是牽引貨運列車的主力。雖然1982年6月東線拓寬軌距，LDH200 型改為1067mm軌距，編號也去掉 L (Light rail) 改為 DH200型，並分配至各機務段調車，雖然1986年起後陸續報廢，也是東線的鐵路機車，拓寬軌距延用的歷史榮光。如今只保留 DH207 在民間，DH210 在花蓮機廠，其餘都已經完全報廢。

　　2010年LDR2204和LDR2307整修後，於2011年1月22日復駛，這是台鐵第一次復駛762mm軌距的火車，全新的東線柴油客車LDR2204和光華號LDR2307，令人期待！

花蓮機廠裡面保存的 DH210 柴液機車，源自舊東線時代的 LDH200 型拓寬而來，軌距已經修改成1067mm。

舊東線時代的 LDH200 型柴液機車，牽引762mm軌距貨運列車。(古仁榮攝)

昔日高雄機廠裡面作為調度機車運用的 DH207 柴液機車，源自舊東線時代的 LDH200 型，軌距已經修改成1067mm，不過後來報廢轉售至民間保存。(黃文鎮提供)

台北機廠裡整修中的 LDH101 柴液機車，762mm軌距。

LDH101 的動力轉向架，其實和 LDR2200 型相似，可對照P.212頁。(古仁榮攝)

最後762mm軌距的鋁皮的舊東線黃皮仔，LDR2307 光華號柴油客車，2010年底整修後，2011年1月22日起加入動態復駛的列車，由前往後依序為 LDR2307＋LTPS1102＋LTPB1375＋LDR2204。

LDR2307 整修之後的內裝，已經煥然一新。

LDR2204 普通柴油客車，也煥然一新。

花蓮光隆博物館裡面保存的小叮噹柴油客車，軌距已經修改成1067mm。

台東車站裡窄軌時代的舊車庫，與臂木式號誌機，雖然軌距已經改為1067mm，舊東線的鐵道精神永垂不朽。

昔日台東線輕便鐵道蒸汽機車 LCK31，牽引黃皮仔出站的畫面。(蘇昭旭 畫)

　　1970年台鐵東線鐵路柴油化以後，台東線開始停用多數的蒸汽機車，當時多半停放在玉里站內以及花蓮的南濱，成為老火車的墳場。緊接著從1982年6月27日起，東線鐵路762mm拓寬成和西線一樣的1067mm軌距之後，昔日台東線的輕便鐵道車輛，就完全失去它的舞台，多數報廢當廢鐵拍賣，送去外地展示，包含日本在內。還好當年有留下一批老火車，LCK31蒸汽機車被放在花蓮的光隆博物館，LDK58被送至澎湖馬公陳列，LDK59一直保存於台東鯉魚山公園，LDT103一直陳列於花蓮的美崙山公園。今日台東車站裡面，還有一部東線的木造守車，變成了員工休息室，無意間也讓它成為台東站的文化資產，免於被拆毀的厄運。

　　不過，也有些幸運的車輛，台東線的窄軌大型油罐車，被送到嘉義蒜頭糖廠當做糖蜜罐車使用；台東線的窄軌中型油罐車，被送到嘉義阿里山鐵路，當油罐車使用，如今現場至少還有兩部。因軌距相同，被送到其他輕便鐵道體系使用，也算是物盡其用。例如陳列於花蓮光隆博物館外面的 LCK31，前方多層次的可變高度連結器，就是為了配合東線與台糖鐵道聯運而改造，這也是輕便鐵道體系互通的奧妙所在。

　　LDK58 與 LDK59 算是比較長命的火車，一直當調度機車使用，直到1982年才除役，而台灣當時也只保存這兩部。LDK58 與 LDK59 蒸汽機車除役之後，前者因為當時省主席體恤澎湖民眾沒看過火車，所以送到澎湖馬公市立文化中心展示，後者則展示於台東的鯉魚山公園。如此光陰匆匆一

今日台東線輕便鐵道蒸汽機車 LCK31，陳列於花蓮光隆博物館外面。前方多層次的可變高度連結器，就是為了配合與台糖鐵道聯運而改造。

過，就是十幾年的歲月，後來 LDK58 被送回台灣，在經過重新整修之後，2000年鐵路節展示。LDK59 就更幸運了，如今成為東線老火車唯一復駛的蒸汽機車。

昔日台東線的 LDK58 蒸汽機車，奔馳於花東縱谷的畫面。(蘇昭旭畫)

LDK58 蒸汽機車在經過重新整修之後，2000年鐵路節曾經公開展示，如今保存於台北機廠。

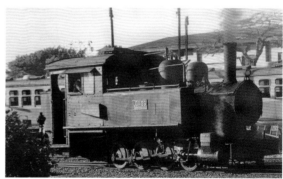

LDK59 一直使用到1982年才除役，這是1960年代它在花蓮站調度運行的畫面。(黃澍民攝)

1970年以後台東線停用多數蒸汽機車，當時停放在玉里站內的鏡頭。(古仁榮攝)

LDK59 在1982年東線拓寬後停用之後，一直保存於台東鯉魚山公園，後來幸運地獲得復駛。

LDK57 型蒸汽機車被塗成「湯瑪士小火車」的模樣，真的是令人辛酸。

昔日台東線的輕便鐵道車輛

LDK50 型蒸汽機車停用以後，被日本購回數目不少，圖為 LDK56 被放在日本埼玉縣越谷市的牛排館外面展示。

LDK56 中間的兩個動輪，沒有輪緣以利轉彎，鏽蝕斑斑，何時才能重見天日？

　　其實，1982年東線拓寬之後，當時僅存一批的 LDK50型蒸汽機車，就被當廢鐵賤賣，許多部蒸汽機車遠赴日本，有的不幸運地被拆解，有的幾經轉手流落在日本各地，如今還剩下兩部。LDK56 蒸汽機車被陳列在埼玉縣越谷市的牛排館外面展示，LDK57 蒸汽機車被放在那須高原 SL Land 的餐廳外面，因為 LDK56 與 LDK57 蒸汽機車，屬於同一個 Peko Peko 牛排館的老闆所擁有。我到處打聽它們的下落，總算皇天不負苦心人，當我在日本看到 LDK56落魄的身影，看到 LDK57 被塗成「湯瑪士小火車」的模樣，真的是令人心酸！

　　也許，當遺跡盡成了往事，歷史已不能復返。

昔日的東線木造守車，變成了員工休息室，無意間也讓它成為台東車站的文化資產，免於被拆毀的厄運。據考證應為束線LCCDG200型篷守車。

LDT103 蒸汽機車，如今保存於花蓮火車站外面，屬於靜態保存。L（Light Rail）代表窄軌，D 代表4動輪，T（Tender）代表附有煤水車一節。

今日保存的762mm軌距東線鐵道車輛，數目並不多。主要是台鐵保存的車輛部份，台東線窄軌機車有4部，台東線窄軌柴油客車也有4部，台東線窄軌客車則有2部，台東線窄軌貨車有7部，這些主要是2000、2001年所整修完成的，保存於苗栗鐵道文物館與花蓮火車站外面，共有17部。

不過，仍然有一些漏網之魚，是屬於外地所保存的範圍，共有7部。這些762mm軌距的東線鐵道車輛，包含3部台東線窄軌機車，兩部在日本，一部在台灣。還有台東線窄軌貨車有4部，東拓之後被送到同屬762mm軌距的台糖與阿里山鐵路使用，成為珍貴的東線保存罐車。兩者合計共有24部。

台鐵保存的台東線窄軌機車
Locomotive 762mm軌距 4部

LDK59 蒸汽機車，即將於花蓮火車站後方復駛，是唯一動態保存的一部。

LDH101 柴液機車，如今保存於苗栗鐵道文物館，屬於靜態保存。L（Light Rail）代表窄軌，D（Diesel）代表柴油動力，H（Hydraulic）代表液體變速機傳動。

LDK58 蒸汽機車，如今保存於台北機廠，屬於靜態保存。L（Light Rail）代表窄軌，D 代表4動輪，K（Tank）代表火車頭自備裝有水箱。

台鐵保存的台東線窄軌柴油客車 Diesel Railcar 762mm軌距 4部

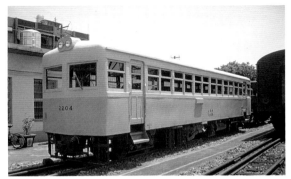

LDR2204 柴油客車，昔日保存於新竹檢車段。L（Light Rail）代表窄軌，DR（Diesel Railcar）柴油自走客車之意。

LDR2307 光華號柴油動力客車，昔日保存於花蓮火車站外面，是唯一靜態保存的鋁皮車。可以跟 LTPB1800 型無動力拖車連掛運行。

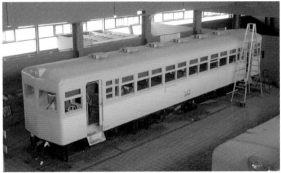

2010年 LDR2204 恢復其動力可以行駛，和 LDK59 同時成為東線復駛的動力車，一推一拉編組。

2010年 LDR2307 加入發電機組，連通 LDR2204、LTPB1375、LTPS1102 三部車廂，以作為復駛列車的電源車。

LDR2201 柴油客車，如今保存於苗栗鐵道文物館，屬於靜態保存。

LTPB1813 光華號無動力拖車，如今保存於苗栗鐵道文物館，屬於靜態保存。

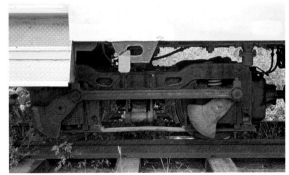

LDR2201 柴油動力客車，有外連桿傳動的動力轉向架，和 LDH101 的動力轉向架幾乎是一樣。因為 LDH101 是用兩部 LDR2200 的動力機構組裝而成。

LDR2201 靠近駕駛室這一端，無動力的轉向架。

今日保存的台東線鐵道車輛

台鐵保存的台東線窄軌客車 Passenger Car 762mm軌距 2部

今日花蓮車站外面，保存的台東線窄軌黃皮仔客車兩部，LTPB1375 客車與 LTPS1102 客運兼臥鋪兩用車。

LTPB1375 客車，L（Light Rail）代表窄軌，T（Third)三等，P（Passenger Car）是客車，B（Brake Van）裝有車掌閥，可以當守車使用。

2010年 LTPB1375 重新改造加入貫通門檔，成為復駛客車。

2010年 LTPS1102 重新改造加入貫通門檔，成為復駛客車。

LTPB1375 客車的內部，左側為長途座椅，右側為短途通勤座椅。

LTPS1102 客運臥鋪兩用車。L（Light Rail）代表窄軌，T（Third）三等，P（Passenger Car）是客車，S（Sleeping Car）是臥鋪客車。是台灣保存的最後一部臥車。

LTPS1102 的內部，客室均為長途座椅，旅客不能躺下入眠，票價比較便宜。

LTPS1102 的內部，臥室為雙層式臥鋪，旅客可以躺下入眠，票價比較昂貴。

LCC5801 鋼體篷車，L (Light Rail) 代表窄軌，CC (Covered Car) 代表有蓋貨車。

昔日新竹檢車段，更新檢修中的台東線窄軌貨車群。如今全數移到花蓮火車站外面靜態保存。

十分特別的762mm軌距的的舊東線 LCC5801 貨車，晚年的舊東線貨車的轉向架已經預留1067mm軌距的寬度，就等東拓完成之後，貨車還可以拓寬繼續使用，而且加裝氣軔機構。

LCFC9706 鋼體平車，FCC (Flat Car) 代表平車，它和 LCC5801 一樣，轉向架已經預留了1067mm的寬度。

LOC7363 木造敞車，OC (Opened Car) 代表無蓋貨車，外觀應有"十字"已經不見。

LCC5521與LCC5006 木造篷車，外觀漆上"十字"代表無氣軔機機構，只能用人工踏軔煞車，因為車體太輕，氣軔機會造成煞車車輪咬死滑行而出軌。

LFT7602 油罐車，L (Light Rail) 代表窄軌，F (Fuel) 代表油品燃料，T (Tank) 代表罐體容器車，花廠修復後放停在花蓮火車站外面靜態保存，是東線唯一保存的小型雙軸油罐車。

LOC7170 鋼體敞車，雖然外觀漆上"十字"代表無氣軔機機構，但是還是裝有氣軔管，作為前後列車貫通煞車控制之用。

外地保存的台東線窄軌機車 Locomotive 762mm軌距 3部

LDK57 蒸汽機車被陳列在日本那須高原 SL Land 的牛排館外面。

LDK56 蒸汽機車被陳列在日本埼玉縣越谷市的牛排館外面展示。

LDK56 與 LDK57 屬於同一個 Peko Peko 牛排館的老闆所擁有,而 LDK57 則被漆成湯瑪士小火車的模樣。這張是今日該館的外觀照片。

LCK31 蒸汽機車,陳列於花蓮北埔的光隆博物館外面。

外地保存的台東線窄軌貨車 Freight Car 762mm軌距 4部

曾經是台東線的窄軌大型油罐車,被送到嘉義蒜頭糖廠當做糖蜜罐車使用,如今現場至少有兩部,但是車號因為停用之後,重新塗裝而消失。

曾經是台東線的窄軌中型油罐車,被送到嘉義阿里山鐵路當油罐車使用,保存尚有兩部,但是車號因為停用之後,重新塗裝而消失。

台東線專用的開嘴型「梢及環」連結器 Link and Pin Coupler。

昔日台東線專用的雙軸轉向架,今日不論是台糖或阿里山鐵路的保存罐車,都屬此一型式。

CK124 蒸汽機車牽引拓寬軌距之後的東線小叮噹，行駛於平溪線鐵橋的畫面。

　　這是台灣輕便鐵道拓寬軌距，讓原有小火車再生的一段傳奇。從1982年6月27日起，台鐵東線762mm拓寬成和西線一樣的1067mm軌距。1985年花蓮機廠選擇東線光華號 LDR2300 型，保留性能較佳的十部，這十部柴油客車修改成1067mm的軌距，改造成 DR2000 型柴油客車。此外，為了配合 DR2000 型柴油客車的編組，進行「一動二拖」方式的運轉，台鐵從原有的東線柴油客車拖車 LTPB1900 型，改造成 DR2050 型無動力拖車二十部，以提供 DR2000 型柴油客車牽引，作為柴油普通車，這就是拓寬軌距再生的東線小叮噹傳奇。

　　不可諱言的，這些1969年～1971年花蓮機廠製，改造自東線窄軌的客車，在轉向架拓寬軌距之後，車身仍維持窄軌時代的嬌小，雖然內部空間狹小，不過復古的電扇，行李架與翻背椅，樣樣不缺。1988年以後，車身從原有的上白下黃的「黃皮仔」改為藍色，端面塗黃色者為 DR2000 型動力車，無塗黃色者為 DR2050 型拖車。這些柴油客車被取了一個有趣的外號「東線小叮噹」，它和機器貓小叮噹藍白相間的顏色不謀而合，成為最引人注目的「小叮噹」柴快，在花東線、北迴線運行一段很長的時間。

　　1992年南迴鐵路通車以後，早晚各有一班普通車，從枋寮及台東新站對開。當時這班普通車用 R20 型或 S200 型僑電機車，牽引二節「小叮噹」DR2050 型客車，因為西線大型的柴電機車拉東線小叮噹，體型的大小成為有趣的對比，造成轟動！這兩班車次早晚對開，恰好是南迴鐵路觀海清晨和落日的最佳時段，小叮噹客車的旋風，就這樣從東部悄悄地吹向了台灣西部。

　　雖然，花東線一直是小叮噹一生中最重要的舞台，然而隨著時代進步，西線無空調普通車淘汰，DR2700 型柴油快車轉往東部行駛，迫使車體較小的小叮噹，不得不提早退休，在1996年11月4日，最後兩班小叮噹柴快行駛結束之後，就黯然步下了舞台。拓寬軌距之後的東線小叮噹，即使獲得短暫的再生，最後一樣得面對「榮退」的命運。

　　因此，當時僅存二十部無動力的 DR2050 型客車，多數被當廢鐵賣出，或是做為鐵道餐廳，包含台東池上的悟饕餐廳，台北市市民大道口的復古圓頭汽油車，都是東線小叮噹改造而來。動力車的部份，目前只保留 DR2009 與 DR2010 兩部在花蓮機廠內，都恢復上白下黃「黃皮仔」的原版塗裝，雖然已經停用，但是未來可能修復。

　　不過，幸運的是，1998年6月9日，台鐵蒸汽火車 CK101 復活行駛，並在暑期八月間環島一週，為配合 CK101 牽引專用的客車，台鐵選擇四部「小叮噹」DR2050 型客車復活，車號為 DR2053、DR2055～DR2057。由於東線小叮噹車體僅僅2.45公尺，比台鐵標準車寬2.9公尺為窄，由於窄軌車輛原有的空間不足，為了嵌入天花板的電扇，造成車頂上一顆顆的氣泡圓頂，十分有趣。往後包含 CK124 蒸汽機車復駛在內，這四部 DR2050 型客車與蒸汽火車，成為到台灣各地巡迴的觀光大使呢！

東線小叮噹車體僅僅2.45公尺，比台鐵標準車寬2.9公尺為窄。雖然內部空間狹小，不過復古的電扇，行李架與翻背椅，樣樣不缺。

R101 柴電機車牽引東線小叮噹，從外觀變可看出窄軌火車的狹小，與前方機車頭體積的落差。可以看見因為嵌入電扇，而造成車頂上的氣泡圓頂。

拓寬軌距之後的東線小叮噹，奔馳於南迴線登高望遠的鏡頭。

DR2053 東線小叮噹，已經恢復成黃皮仔塗裝。

台東池上的悟饕餐廳外面的 DR2050 型東線小叮噹客車。

1982年以後，東線小叮噹拓寬軌距，仍在花東線運行一段很長的時間。DR2050 + DR2000 兩部。

昔日東線LDR2020型圓頭車。（野間晃攝）

展示於台北市太原路市民大道口的復古圓頭汽油車，是東線小叮噹改造而來。不過，和 LDR2020 型東線圓頭車的原貌，有一段不小的落差。

小叮噹變成鐵道餐廳的心酸

 1067mm gauge

DR2000 這部改造的東線小叮噹動力柴油客車，2001年以後被丟棄在石龜附近的廢鐵工廠，旋即報廢解體，令人惋惜！

在1996年11月4日，小叮噹柴油快車行駛結束，除了比較幸運的四輛，後來繼續搭配蒸汽機車使用以外，當時僅存二十部無動力的 DR2050 型客車，幾乎全數報廢。尤其是 DR2001 這部東線小叮噹的動力柴油客車，2001年以後被丟棄在花蓮的吉興橋下，當做廢鐵出售，殊不知 DR2001 有著第一部的重大意義。令人痛心！而 DR2000 這部改造的東線動力柴油客車，它的前方沒有貫通門，2001年以後被丟棄在石龜附近的廢鐵工廠，旋即報廢解體，令人惋惜！

多數無動力的 DR2050 型客車，被賣到各地當鐵道火車餐廳。其中以花蓮北埔的「光隆博物館」，堪稱台灣現有小叮噹鐵道餐廳中，保存最好的一批車輛。包含三部 DR2050 客車DR2060，DR2067，DR2069，以及一部 DR2000 型動力客車。該館為了保存小叮噹客車，還特別搭起一個第一月台和雨棚空間，以免日曬雨淋。其他當鐵道火車餐廳的小叮噹客車，包含台灣牛牛肉麵店墾丁分店，屏東縣佳冬鄉台17線道路旁的林邊溪南的「林邊香」餐廳，台東池上悟饗池上便當博物館，台中懷舊餐廳「香蕉新樂園」等等，雖然有些外觀早已斑駁，至少沒有被報廢解體，也算是幸運的一批車。

不過今日最幸運的，有三部 DR2050 型小叮噹，恢復原有的「黃皮仔」塗裝，展示於台東鐵道藝術村，讓台東人得以看見其原貌，重拾昔日鄉愁的滋味。小叮噹變成鐵道餐廳，是時代更替下的悲劇，也是苟延殘喘的心酸，也突顯出台灣輕便鐵道文化財，不受重視的悲哀吧！

DR2001 這部東線小叮噹的動力柴油客車，2001年以後被丟棄在花蓮的吉興橋下，當做廢鐵出售，殊不知2001有著第一部的重大意義。令人痛心！

DR2064 這部東線的無動力柴油拖車，2003年被出售全台17線林邊溪南的空地，準備作為餐廳使用。

台17線林邊溪南的「林邊香」餐廳，是以東線小叮噹客車做為服務空間。

「林邊香」餐廳的東線小叮噹客車外觀早已斑駁。

改造後的東線小叮噹客車，其內部的服務空間，和原有的客車大異其趣。

一堆東線小叮噹客車，被丟棄在花蓮的吉興橋下當做廢鐵出售，令人不忍卒睹。

「花蓮光隆博物館」保存四部的小叮噹客車，前端還有一部 DR2000 型動力客車。堪稱全台灣最大的保存陣容。

「花蓮光隆博物館」堪稱台灣現有小叮噹鐵道餐廳中，保存最好的一批車輛。

為了保存小叮噹客車，還搭起一個第一月台和雨棚空間，以免日曬雨淋。

黃皮仔塗裝客車的復活之路

這張老照片，是昔日花蓮機廠裡面保存的動力客車 DR2009，是舊東線時代的窄軌柴油客車拓寬軌距而來，目前雖然不能動，但是仍然保留修復成動態的可能。

對於台灣東線的鐵道而言，上白下黃的「黃皮仔」塗裝，可以說是最為經典的鐵道印象。儘管東線鐵道已經拓寬1067mm軌距，當年這些留下來的柴油客車，在1988年以後，包含 DR2000 型柴油動力車與 DR2050 型拖車都改為西部的藍色。不過，隨著鐵道文化保存的意識抬頭，「黃皮仔」塗裝逐漸被恢復回來。首先三台恢復成黃皮仔塗裝的車輛，是舊台東車站裡面，鐵道藝術村的東線客車，不過都只是靜態的陳列而已。這批車輛與窄軌時代的舊車庫，與臂木式號誌機，都是舊東線的鐵道精神，永垂不朽。

此外，花蓮機廠裡面的 DR2009，是東線時代的窄軌柴油客車拓寬軌距而來，原本是作調度機車使用，最早恢復成黃皮仔塗裝，如今暫時停用，是特別保存的動力客車。花蓮機廠裡面另外一部 DR2010，是特別保存的鋁皮強化條紋的動力車，也就是東線光華號，今日也恢復成黃皮仔塗裝，等待未來能夠修復。這兩部是目前1067mm軌距黃皮仔動力客車復駛的希望。

2008年11月29日，花蓮文化局舉辦光華四十東鐵再現活動，率先將一部DR2053，恢復成「黃皮仔」塗裝，重返花蓮港掀起另一波高潮。當天DHL101 牽引黃皮仔重回花蓮港線，距離1982年東拓停駛，已經事隔26年。如果台鐵能將 DR2009 與DR2010修復成動態保存，以一推一拉的方式，中間連結無動力的DR2053黃皮仔客車，三部一同奔馳於花東線上，相信一定會勾起多少東部民眾，昔日黃皮仔的美好記憶。

DR2053 東線小叮噹恢復成黃皮仔塗裝，並於2008年11月29日首航花蓮港。

DR2053 黃皮仔塗裝，2008年出現於花蓮車站月台的鏡頭。

DHL101 牽引黃皮仔客車，2008年重回花蓮港線，距離東拓停駛，已經事隔26年。若能以 DR2009＋DR2053＋DR2010 一推一拉的方式復駛，就太完美了。

DR2053 的黃皮仔塗裝，與其他藍色小叮噹有明顯的差異，1067mm軌距。

花蓮機廠裡面的 DR2009 動力客車，今日恢復成黃皮仔塗裝，1067mm軌距。

花蓮機廠裡面的 DR2010，是特別保存的鋁皮強化條紋的動力客車，也就是東線光華號，如今也恢復成黃皮仔塗裝，1067mm軌距。

台東車站裡面有三台恢復成黃皮仔塗裝的東線客車，1067mm軌距的版本。

LDT103 全球少見的762mm煤水車式蒸汽機車

762mm

LDT103 是全球少見的762mm軌距，煤水車式蒸汽機車。這是2000年初步修復完成的模樣。

台鐵舊東線的 LDT100 型，是全球少見的762mm煤水車式蒸汽機車，由日本車輛在二次大戰時期，1941-1942年製造四部。這一批蒸汽機車，雖然是窄軌762mm軌距，卻擁有四個大動輪，而且都有輪緣（flange），是屬於幹線等級的主力蒸汽機車，為了便利機車後退運轉的視野，煤水車採取「斜背」型設計。包含昔日的朝鮮鐵道900型，與台灣LDT100型結構幾乎如出一轍，只不過煤水車的構造略有不同。1968年起，因為東線鐵道柴油化引進 LDH200 型柴液機車而停用，這四部蒸汽機車被放在玉里一段時間。

當年這一批廢棄的 LDT100 型蒸汽火車，在1982年之後，被日本東急買走幾輛，用船運回到日本。據說，當年東急原本有重新再利用這批火車的規劃，但後來計畫取消，這批 LDT100 型蒸汽火車便被慘遭解體，相當地可惜。

在1982年東線拓寬之後，台鐵僅保存 LDT103 一部，一直陳列於花蓮的美崙山公園，2000年整修之後，LDT103保存在花蓮的火車站前廣場，今日只不過是靜態保存。然而，奧地利 Zillertalbahn 的四動軸蒸汽機車，為760mm軌距，與LDT103 的結構頗為相近，二十一世紀依然在燒煤行駛，台鐵僅存 LDT103 蒸汽機車，不知是否也能像 LDK59 一樣的幸運，也能有復駛的一天？

LDT103 在1982年東線拓寬之後，一直保存於花蓮的美崙山公園。

雖然火車是窄軌762mm軌距，卻擁有四個大動輪，而且都有輪緣，是屬於幹線等級的主力蒸汽機車。

今日 LDT103 保存於花蓮的火車站前廣場。

奧地利 Zillertalbahn 的四動軸蒸汽機車，760mm軌距，與LDT103的結構頗為相近，二十一世紀依然在燒煤行駛。

雖然 LDT103 蒸汽火車是窄軌762mm軌距，卻擁有四個大動輪，而且都有輪緣，是屬於幹線等級的主力蒸汽機車。

昔日陳列於韓國愛寶樂園的朝鮮鐵道900型。

與台灣 LDT100 型結構幾乎如出一轍的朝鮮鐵道900型，不過煤水車構造則略有不同。（日本車輛海外輸出檔案）

2001年12月6日，LDK59 冒出陣陣白煙宣告復駛的願景，月台上張燈結綵，民眾欣喜若狂！

LDK58 LDK59 東線蒸汽機車的重生之路

　　2001年，台鐵復活 CK124 之後，台灣鐵道對於蒸汽機車的動態保存，宛如時間靜止一般，停滯了下來，一轉眼也過了十年之久。這些年來似乎只有見到 CK124 在獨撐大局，長期使用似乎也不堪負荷！等了將近十年，在經歷許多時事變遷之後，台灣鐵道的文化保存意識，又慢慢回到檯面上。包含DT668這款台鐵最大型的蒸汽機車，擁有三項歷史紀錄的車款（詳見台灣鐵路蒸汽火車），確定計畫予以復活；CT273這款台灣鐵路歷史上的速度之王，日治時期不朽的急行列車，也離開台灣民俗村，回到彰化扇形車庫保存，台鐵即將發包修復。CK101、CK124、 DT668、CT273 共四部蒸汽機車，也許是命中注定，終於能夠回彰化扇形車庫共聚一堂，期待會有那麼一天，四部蒸汽機車能夠復活，同時冒煙，不讓日本京都「梅小路蒸汽機關車館」專美於前，台鐵也能創造台灣鐵道史上不朽的復駛傳奇。

　　不過，以上台鐵修復的火車，全部都是1067mm軌距體系，在修復蒸汽機車的故事裡，舊東線的762mm輕便鐵道體系，不應該成為鐵道文化保存的孤兒。不過，終於等到奇蹟出現，1999年首開先河，原放置在澎湖文化中心的 LDK58 蒸汽機車，在歷經海風長期鹽蝕之後，已經潰爛不堪，1999年10月22日，LDK58 從澎湖馬公被送回安平港，吊運下船送往台北機廠。2000年鐵路節，LDK58 蒸汽機車正式在台北車站展示，如今該車還保存於台北機廠，成為舊東線蒸汽機車修復完成的第一部。同年度台鐵也進行第二部東線蒸汽

機車，LDT103 蒸汽機車修復工程，也於2000年6月9日鐵路節完工展示。

　　同年度8月19日，台鐵著手修復狀況較佳的LDK59。不過，這次比較不一樣的是，LDK59 的修復過程，已經考量到蒸汽機車可能復駛的機率，不像前面兩部，一開始修復就是靜態保存；於是當時 LDK59 蒸汽機車，行走部已經更新完成，就只欠更換鍋爐而已，真的是功虧一簣。隔年 LDK59 在新竹檢車段整修完工後，2001年2月26日完工展示。兩年後2003年12月6日，花蓮文化局辦理東線老火車回娘家活動，LDK59 終於回到她的故鄉花蓮，以乾冰效果呈現冒煙復駛的願景，展示於花蓮火車站外的廣場。

　　不過，很可惜的是，LDK59 就此沉寂。事隔多年之後，花蓮站前的 LDK59 已經鏽蝕斑斑，不復當年神采。2008年底，LDK59 局部整修上漆之後，移至鐵道部花蓮港的出張所裡面陳列。2009年春節，交通部長毛治國到花蓮，視察海邊的鐵馬道，造訪整修完成的花蓮港出張所，也看見了孤單的LDK59。突然他靈機一動，提議若能讓蒸汽機車復駛花蓮港舊線，回味早期的舊東線窄軌火車歷史，何樂而不為？旅客騎單車，也能來趟蒸汽火車之旅，飽覽海岸風光，對花蓮的觀光必有加分效果，立即指示隨行台鐵官員進行研議。

　　儘管老火車復駛是「有車沒路」，台鐵機務處先上網招標修復 LDK59，不過，用地問題才是最大難題。這牽涉到都市計畫變更，工作難度超高，修火車是小事，重新蓋一條新鐵

LDK58 蒸汽機車在2000年鐵路節時展示，如今該車保存於台北機廠。

LDK58 蒸汽機車在1999年10月22日從澎湖送回安平港，吊運下船的鏡頭。

路才是大事。首先台鐵計畫利用花蓮港線，起點為花蓮港站，終點為至花蓮舊站，長度約4.28公里。這條鐵路是1982年6月29日以前，原為軌距762mm之東線軌道，後來為了迴送車輛至舊花蓮機廠維修，拓寬軌距為1067mm軌道。1996年5月2日，新花蓮機廠完成後，舊花蓮機廠功成身退，才拆除此一路線。今日由花蓮縣政府改建為自行車觀光步道，如今復駛鐵路線，計畫以RC路面鋪設，不影響自行車行駛。

誠然，這條路線如果能完成復駛，絕對是最好的選擇，不但是風景秀麗，更重要的是恢復原有路線，在台灣鐵路史上，絕對是空前的創舉。台鐵初步規劃由花蓮港站，沿舊有的鐵路線至花蓮舊站，在陽光電城前空地新設一處終點站。

起點花蓮港站改善工程，包括新建一座岸壁式月台，場站股道重新鋪設，新設並改善相關旅運設施。初步規劃在花蓮港站，增設一處762公厘軌距之機車及車輛維修基地，包含蒸汽機車使用之儲煤場及加水設備。而原有的美崙溪鐵橋，目前已經改建為自行車道，則恢復為鐵路軌道，並在軌道兩側向外延伸新建自行車道，以維護行車安全。而花蓮舊火車站重新復活，包括新建一座月台及2股軌道，以及相關旅運設施。該計畫創意更有甚者，從「花蓮港站」至「花蓮舊站」之鐵道，採用三線軌道762與1067mm的共用型式，讓西線的CK124蒸汽機車，未來也可以光臨此地，東望太平洋。

然而，台鐵內部評估這項 LDK59 復駛工程，總經費約3.11億元，若以後無固定班次營運，恐怕也會賠錢。當時預估完工期程，約土地取得後10個月之後，而地方政府都市計畫變更延宕，根本難以推行，因此原本預定於2010年5月31日前完工，趕在6月9日鐵路節通車，根本就是天方夜譚。因此，台鐵左思右想，只好把復駛計畫移到安通——東里舊線，甚至新城——崇德的北迴線上，希望能找到復駛窄軌小火車的路廊，何奈牽涉到土地使用變更問題，皆功敗垂成。

幾經波折，最後這條復駛路線，選擇在一個最安全的地方，沒有土地使用變更問題，花蓮後站的場站裡面。於是從2010年5月7日至8月6日，花蓮後站開始進行鋪軌工程，共鋪設890公尺長的762mm軌距鐵道，並且加以重軌化，提升至每公尺37公斤。為了完整保存東線鐵道文化，台鐵還特別

LDK59 是東線鐵道唯一可以復駛的蒸汽機車，2003年12月6日東線老火車回娘家活動，終於回到她的故鄉花蓮。

遠從光復站，移來停用的舊東線鐵道762mm轉車台，台鐵與台糖聯運共用的三軌線轉車器等等，並收集停用的臂木式號誌機，以及路牌收受器等等。讓該路線並不是只有蒸汽機車為主角而已，而是計畫呈現一個舊東線鐵道，完整的文化保存動線。

此外，在復駛的車輛部份，仍以 LDK59 蒸汽機車為修復主體。2009年1月6日，LDK59 從花蓮港出張所啟程，被移送到了台灣西部。在台南新營它卸下了舊鍋爐，放在新聯興鐵木工廠，行走部則放在仕佳興業維修。2009年3月，新聯興鐵木工廠為 LDK59 重新打造了新鍋爐，再送去與仕佳興業，與修好的行走部結合。同年5月13日全車完工後，進行機車升壓試車與驗收，6月3日被送到花蓮機廠存放。不過，這部台鐵復駛的 LDK59，因為必須合乎鐵路的安全規範，絕非遊樂設施機械的管理條例，而是適用於鐵路法。迫不得已，必須加裝排障器與GPS空氣軔機等裝備，因此，整修後卻已經與原貌大不相同。雖然，這樣失去了原味，不知是幸運還是不幸，但是能讓 LDK59 重返其舞台，在台灣完全沒有輕便鐵道法規的配套環境下，可以讓老火車復駛獲得新生，可說是「情非得已」的妥協之道。

2010年8月6日，LDK59 蒸汽機車終於在花蓮機廠揭開面紗，10月7日，LDK59 蒸汽機車在花蓮後站的軌道，開始升壓試車。那睽違已久，終於噴煙復駛，多麼地感動人心的經典畫面，LDK59 蒸汽機車終於奔馳於花蓮，回到這塊它過去

LDK59在2001年修復完工，2003年11月18日被放到花蓮站前。事隔多年之後，花蓮站前的 LDK59 已經鏽蝕斑斑，不復當年神采。

所熟悉的土地上。台鐵目前計畫以東線老火車，一推一拉整組復活的方式去營運，LDK59 蒸汽機車＋LDR2307 柴油客車＋LTPS1102 客臥兩用車＋LTPB1375 客車＋LDR2204 光華號柴油客車，全列復活行駛，不止是舊東線蒸汽機車，還有黃皮仔的客車，甚至連舊東線的柴油客車，以及東線的光華號，一起宣告復活。這不但是台灣有史以來，最大規模復駛762mm輕便鐵道體系，更是東線鐵道文化保存的歷史里程碑，是多麼振奮人心的大事啊！

2011年，民國百年元月二十二日的東線復駛，相信會是台灣鐵道史上值得紀念的新紀元。

2008年底，局部上漆之後，LDK59 移至鐵道部花蓮港出張所陳列。

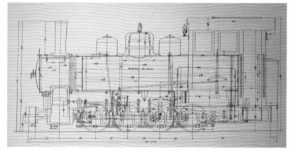

LDK59 蒸汽機車的形式圖。（日本車輛海外輸出檔案）

2010年5月 LDK59 完成復活整修，同一角度比較，呈現完全不同的風貌。

花蓮後站鋪設好890公尺長的762mm軌距鐵道，這是終點的月台。

2010年10月7日 LDK59 蒸汽機車在花蓮後站的軌道開始升壓試車。（楊淑梅攝）

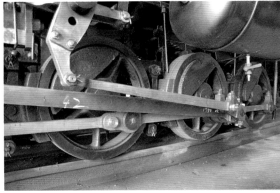

LDK59 是窄軌762mm軌距，配備四個動輪，中間兩輪沒有輪緣以利轉彎。

LDK59 蒸汽機車6月3日被送到花蓮機廠存放。

2010年8月6日LDK59正式在花蓮機廠揭開面紗。

2010年10月7日LDK59睽違已久，終於復駛，感人的經典畫面，LDK59奔馳於花蓮這塊熟悉的土地上。(蘇奕肇攝)

LDK59 蒸汽機車＋LDR2307 柴油客車＋LTPS1102 客臥兩用車＋LTPB1375 客車＋LDR2204 光華號柴油客車，2011年起窄軌體系五部皆可復活行駛。

LDK59 蒸汽機車終於奔馳於花蓮，這塊它過去所熟悉的土地上。

珍惜有心人　仕佳興業的感動傳奇

762mm gauge

在仕佳興業的維修之下，LDK59 陣陣白煙上沖，宣告復駛成功。

　　仕佳興業是台灣少數能夠修造蒸汽機車，維修軌道車輛的一家公司，座落於台中縣的潭子。這家公司負責台灣輕便鐵道維修復活的車輛，數目相當地多，包含阿里山鐵路的25號、31號、中興號柴油特快車等等，都是他們的傑作。

　　仕佳興業的負責人盧達雄，是台鐵退休司機，負責蒸汽機車維修的主任，是擁有五、六十年修車經驗的國寶級師傅，前台北機廠廠長退休的鄭萬經老先生。他們擔任這次 LDK59 的修復工作，接下台鐵第一次復駛762mm軌距蒸汽機車，完成這劃時代的歷史性任務，讓我們向這群有心人致敬！

2009年2月7日，LDK59 啟程從花蓮移到了台南新營，它卸下了舊鍋爐，放在新聯興鐵木工廠。

2009年3月在新聯興鐵木工廠，為 LDK59 重新打造了新鍋爐，再送去與仕佳興業的行走部結合。

當在仕佳興業的 LDK59 的行走部。（黃彥尊提供）

仕佳興業的負責人，LDK59 的修復主持人，台鐵退休司機盧達雄。

LDK59 的修復舵手與無名英雄，台鐵蒸汽機車老師傅鄭萬經。

工作人員在調整射水器，準備進行試車。

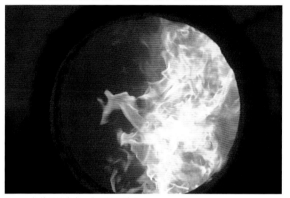

LDK59 鍋爐開始生火，復活拭目以待。

雖然 LDK59 仍使用插梢型連結器，但是加裝排障器。

LDK59 蒸汽壓力已經達到每平方公分8公斤，可以開車了！

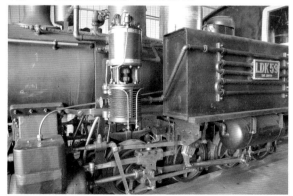

為了合乎更高標準的安全法規，加裝 Air Pump 蒸汽壓縮機以驅動空氣軔機，以及冷卻管路系統，因此 LDK59 左邊的水箱必須截短。

LDK59 蒸汽機車冒出白煙，水汽從汽缸旁四射，令人欣喜不已。

奧地利的 Zillertalbahn

760mm gauge

Zillertalbahn 的美麗風光，好像台灣的762mm軌距的東線蒸汽機車，行駛於花東縱谷一般。

奧地利的 Zillertalbahn

　　奧地利是全球760mm軌距的鐵道保存地，是世界上動態保存窄軌火車的美麗天堂。在奧地利提洛爾谷地，有一條非常像台灣的鐵道，稱為 Zillertalbahn，它從1900年12月20日通車迄今，已經有110年了。從 Jenbach 到海拔633公尺 Mayrhofen，全長 31.7公里，風景就好像台灣762mm軌距的阿里山火車，行駛於花東縱谷一般。使得他跟台灣鐵道的感覺相比，是那樣地親切。

　　不止是風景像，連火車都很像。Zillertalbahn 有很大的「四動輪」蒸汽機車去牽引客貨車，雖然是輕便鐵道，但蒸汽火車可以輕鬆拉上這麼長長的一整列。這款 Zillertalbahn 的四動軸蒸汽機車，760mm軌距，與舊東線 LDT103 動力結構頗為近似，二十一世紀依然在燒煤行駛。更重要的是柴油機車，與阿里山火車相同，與台灣的阿里山火車 DL35-37 有共同血緣關係，都是德商 O&K 製造；而 O&K (Orensteim &

為維持基本的地方通勤運輸功能，Zillertalbahn 會開行柴油客車。

Koppel) 這家德國製造廠，也是台灣台糖蒸汽火車的來源。如果有機會，台灣應該跟她締結妹鐵道，讓兩地的火車可以有交流分享的機會。

　　然而，這條鐵路並沒有台灣城鄉發展的困擾問題，不是要拓寬軌距，或是廢除做自行車道，奧地利政府只不過將窄軌的路線「重軌化」，發展郊區通勤鐵路系統。平時使用柴油機車牽引客貨列車，火車車速為35-40公里，或是用柴油客車來運行，幾乎每隔一小時就發一班車，發揮非常良好的地區通勤功能，每逢夏季的星期例假日，就用蒸汽火車去行駛，吸引許多觀光客。既然奧地利能，台灣的舊東線在花蓮復駛，為何法規總是綁手綁腳，就如此困難重重呢？

Zillertalbahn 的柴油機車，760mm軌距，與台灣的阿里山火車 DL35-37有共同血緣關係，都是德商 O&K 製造。

儘管蒸汽機車的煤煙會弄髒衣服，大家卻不放棄倘伴於大自然的機會。

德國的 Löβnitztalbahn

Löβnitztalbahn 的五動輪蒸汽機車，雖然是750mm軌距鐵道，機車重量卻高達53.9公噸，是不折不扣的「小軌距」大火車。

在德勒斯登週邊山區的 Löβnitztalbahn，其前身為前東德 DR鐵路，是東歐地區特有的750mm軌距鐵道，這裡還有許多蒸汽火車依舊在運行。這裡是世界上少數保存窄軌蒸汽火車的新樂園，只不過德國將窄軌的路線「重軌化」，使用更大的五動輪機車去牽引以提高運能。這些火車起源於十九世紀，如今已經超過百年，卻依然老當益壯，這些蒸汽火車與古老的車廂，是居民上下班通勤的交通工具，維繫迄今。

1991年在東西德統一以後，德國鐵路公司 DBAG 認為這非常有地方特色，所以並未淘汰，甚至它是可以使用 Eurailpass 搭乘的。其實，奧捷德等東歐地區，運輸幹線就是1435mm軌距，鄉村路網就是1000mm軌距，更小的就是760mm或750mm軌距，從大動脈到微血管，井然有序。這也正是為何在經歷百年之後，歐洲地區的輕便鐵道與窄軌運輸體系，可以獲得很好的保存，因為他們知道這些東西的由來，與在科技歷史中的地位。

具有百年歷史的磚造車庫依然完好。

在這裡我看到德國對待輕便鐵道的國家政策，有一個合理的配套措施，就是鐵道不會單純以速度作為科技取向，還有文化產業導向的保存政策。其實，追溯到百年前的台灣，當時台灣與日本的運輸路網規劃，運輸幹線就是1067mm軌距，鄉村路網就是762mm軌距，這種結構就跟歐洲德國是一樣的。台灣輕便鐵道的小火車，糖鐵、林鐵為何快速消失？關鍵就在於主管機關對於輕便鐵道的角色認識不足，加上法規的落伍，造成一種行政歧視，當然資源也就消失了。看到德國的例子不禁令人反省，台灣何時才能有進步的空間呢？

這是全球極少見的750mm軌距，關節式 Mallet 蒸汽機車99-580型。

Löβnitztalbahn 蒸汽機車行駛的路線風光。

其他的輕便鐵道篇

軌距 1067mm　762mm　610mm　545mm　495mm

失落的一頁　無處可尋
幸運的一頁　碩果僅存
新興的一頁　希望重生
歡樂的一頁　遊園鐵道
特別的一頁　少人知道
國外特輯　前瞻與思考

東勢鎮的「復刻版」騰雲號，正冒著白煙在試運轉，神氣活現，昂首進發，1067mm軌距。

台灣早年的台車鐵道

495mm
545mm
610mm
gauge

所謂的台車鐵道 Cart Railway，是以人力的方式推行簡易的台車，作為短程運輸用途。日本治時期，有別於機械動力（蒸氣、內燃、電力）驅動的「私設鐵道」，又稱為「私設軌道」，又稱為 Toro，類似日語開放式台車 Torokko。

台灣的台車鐵道，其歷史遠比一般鐵道運輸來得早，台灣在1876年創立基隆八斗子的煤礦，以利煤礦台車的輸送，當時就有人力台車鐵道的存在。清朝時代台灣各大都市與軍事重地，已經出現台車鐵道，最知名者為伯公坑到葫蘆墩的大安溪螺旋線。根據台灣鐵道讀本統計，1898年台灣已經有359公里的台車鐵道，堪稱台灣最早期的軌道系統。後來1899年縱貫線開工，隨著鐵道運輸的正式鋪設，台車鐵道漸漸轉為大都市內部，與山地偏僻區的軌道運輸，以人力推行台車，上面放著竹籐椅給旅客乘坐，並按里程或次數計費，類似現在的計程車。例如1930年代於集集線的車埕就有台車鐵道，來自日本的觀光客，要前往日月潭觀光，一定得搭乘它。車埕地名也是台車停車場，從停「車場」所演變而來。

台車鐵道的鋪設當時採用英制單位，以1英呎7.5英吋（495mm）軌距最多，少數會用1英呎9.5英吋（545mm）軌距，610mm與762mm極少，其軌條甚細，每公尺5-6公斤而已。當時台車鐵道的會社名稱很多，例如基隆輕鐵、海山輕鐵、台中輕鐵等等，根據1936年的統計，台灣有1,182公里長的台車鐵道，年收入高達1,379,739元，具有相當的運輸地位。從1930年代台南市的古地圖，可以看見台南市的輕便台車鐵道。從台南市的東門路進入，穿越東門城進入城郭內，沿著北門路到火車站前圓環，經由成功路到西門路，從西門站分歧兩條路線，一條通往安平港，另一條通往南鯤身的方向。如果後來不要拆掉，直接發展成都市輕軌運輸系統，不知該有多好！

日治時期從昭和時期以後，汽車的流行，台車鐵道也逐步沒落，當時所謂的人力推行的台車，不少也開始加裝簡易動力，但是也難敵此一趨勢。如今，台車用另外一種方式存在，例如「手搖台車」，靠人的力量就可前進後退；阿里山鐵路所使用的「巡道台車」，已經加裝汽油引擎，動力機械化，這些算是台灣歷經百年歷史的台車，最後殘存的身影。

這是台灣早年的台車輕便鐵道 Cart Railway，來自日本的觀光客，要前往日月潭觀光，地點在車埕。

這是1930年代台南市的古地圖，可以看見台南市的台車鐵道路線。

這種手搖台車，靠人的力量就可以前進後退，苗栗的勝興車站。

今日阿里山鐵路所使用的巡道台車，已經加裝汽油引擎，動力機械化。

現今營運的烏來台車鐵道

545mm gauge

今日運行中的烏來觀光動力台車 Powered Cart，旁邊即是烏來大瀑布。

烏來台車鐵道其詳細歷史已不可考，關鍵就在其本身並非正式的鐵道，而是屬於非正式的台車鐵道。該路線源自於1909年，日本三井合名會社在台北縣烏來山區，修築林業鐵道時已經存在，1926年已經有「烏來林用台車鐵道」，以運送伐木機具及開採之木材，1941年二次大戰爆發，日本政府發現福山地區蘊藏大量檜木，繼續修築至福山，這條路線約大致底定。台灣光復後，林務局接手這條路線，由於三井當初使用1英呎9.5英吋，其545mm軌距實在太小，所以林務局也讓它繼續以人力台車的方式存在，無意間成為台灣最後碩果僅存的台車鐵道。

1951年因新店至烏來的公路通車，遊客開始湧入烏來地區前來觀光，當時從烏來街區至瀑布這段，僅有台車鐵道相連，因緣際會地出現了人力載客台車，運送遊客至瀑布區遊玩，這種代步方式立刻蔚為流行。後來隨著觀光客的增加，1964年起林務局建空中纜車，將烏來至瀑布約1.7公里的路段，從單線擴建為雙線，以大幅度增加載客容量。許多老一輩的台車手曾經回憶，當時一些美國大兵休假，或是外國人來烏來遊玩，搭人力台車習慣給小費，他們看到台灣人推得汗流浹背，一出手從1塊到10塊美金不等，甚至更多，成為當時最甜蜜的外快。

不過隨著時代進步，到了1974年，林務局更進一步將台車動力機械化，用汽油機車來牽引，同時也廢止烏來至桶後、孝義、福山的山區路線，僅僅保留烏來街區至瀑布這段作為觀光之用，人力台車鐵道也劃下了句點。由於這條路線的觀光客眾多，經濟的榮景使它一直有經營的價值，路線也不停地加以更新，終點的 U-turn 迴轉隧道，也是近年所增設，堪稱台灣鐵道史上的一絕。2003年林務局甚至將這條路線重軌化，提升其軌條重量，連轉轍器都很現代化。而且為了提昇觀光形象，2006年還以新台幣400餘萬元，新購柴油引擎動力的木造觀光列車，並且在烏來的台車終點附近，計劃成立的烏來的台車博物館。這批木造的台車車廂，由於車門的弧線，給人乘坐"棺材"的觀感，還引發不少話題。

相較於其他台灣沒落的台車鐵道，甚至消失的輕便鐵道，烏來台車鐵道，何嘗不是幸運的一頁呢？

烏來的台車終點附近，計劃成立的烏來的台車博物館。

台北縣烏來鄉 烏來台車鐵道	
起迄區間：烏來─瀑布	搭乘時間：單程約 10分鐘
路線長度：1.7 公里	票　　價：全票50元、半票30元
	營運時間：早上八時至下午五時止

烏來的台車鐵道轉轍器，軌距為545mm。軌距雖小，但是構造與台糖、台鐵的鐵道轉轍器，並無不同。

烏來的觀光台車車站，車輛非常地狹小，僅容許兩人並排乘坐。

烏來的觀光台車駕駛座。

今日的烏來台車雖然已經動力機械化，卻是台灣早年的人力台車，最後的歷史縮影，軌距為545mm。

1960年代的烏來人力台車畫面。(台鐵憶舊四十年　黃澍民攝影)

木造的建築屋頂，頗具規模的烏來台車車庫。

現今營運的烏來台車鐵道

烏來的台車隧道是一個 U-turn 隧道，台車即將進入隧道內。

台車行駛180度大彎之後，從烏來的台車隧道開出來，行車方向就完全改變。

2006年以新台幣400餘萬元，最新承製完成的木造烏來動力台車，與柴油引擎動力機車，停放於車庫內。

木造的烏來台車車廂，由於車門弧線給人乘坐 "棺材" 的觀感，引發不少議論

集集鎮環鎮鐵道

762mm gauge

2009年7月18日，慶仁二號蒸汽機車，在集集車站噴煙試車，即將啟航。

　　這是一個九二一大地震之後，台灣希望小鎮的感人故事，也是地方百姓與過時法律纏鬥經歷十年的辛酸歷程。

　　1999年台灣中部發生九二一大地震，集集鎮也是受創很深的重災區，集集線鐵路一直到2001年1月才恢復通車。在集集鎮重建的過程中，剛好一位地方人士過世，捐贈一筆遺產善款，就是希望在集集鎮鋪設一條762mm軌距的環鎮鐵道，以促進地方觀光。當時的鎮長林明溱將它付諸實現，就是集集環鎮鐵路，實在功不可沒。

　　不過，集集鎮環鎮鐵道規劃當初，希望可以從阿里山鐵路與台糖鐵路，獲得車輛與技術的移轉，卻有行政上的問題，所以只好從中國大陸，另行購入蒸汽機車與車廂。於是「慶仁號」和「慶仁二號」2輛蒸汽機車，由中國「常州長江客車集團工礦車輛有限公司」所承製，以「慶仁二號」最為龐大，機車後端附掛「煤水車」1輛，內藏重油槽與水槽，最高時速可達60公里。而集集鎮環鎮鐵道的車輛，客車有3輛，木造貴賓車1輛，採用自動聯結器與氣軔煞車系統，機械規格與台鐵1067mm軌距無異，堪稱台灣最高級的762mm遊園軌道體系。

　　然而，不幸的是，台灣的鐵路法第十一條規定，在運輸有效距離內，不得興建平行鐵路線，該鐵路的確與集集線平行，所以情勢比人強，就是不准營運。於是集集環鎮鐵道，被截短集集至明新書院，所買的火車放到荒廢，慶仁號已經嚴重故障，慶仁二號曾經一度淪為節慶的裝飾品，今日集集

2009年8月15日，台灣陷入八八風災的愁雲慘霧中，雖然大雨滂沱，為了還能拼觀光，慶仁二號依舊噴煙前進，風雨無阻！

站旁邊的旋轉木馬，下方原來是蒸汽機車專用的轉車台（Turntable），後來被改造成遊樂設施。而台灣高鐵與縱貫線平行，政府則以特別法另訂之，以「民用鐵路法」網開一面，無怪乎社會有不平之鳴。

　　其實，集集環鎮小火車無法營運，問題卡在台灣過時的鐵路法，經歷十年歲月未獲政府營運許可，交通部也一直認為小火車屬於鐵路法範疇。直到2009年，當年的鎮長，今日的立委林明溱向中央全力爭取解套，延宕多年的集集環鎮鐵道合法化，終於有所眉目。只要中央通過，交通部同意地方透過都市計畫變更，環鎮鐵道用地為遊憩設施用地，鎮公所與

慶仁二號蒸汽機車，曾經一度淪為裝飾品，2007年南投火車好多節。

集集鎮環鎮鐵道

縣府都通過都市計畫變更案，函送內政部都市計畫委員會審查。代價是集集鎮環鎮鐵道，宣稱絕非「輕便鐵道」，而是歸類為「遊樂設施」，就可以提出營運與建設計畫送審，等內政部定案後，立即申請使用執照與營業許可，通過交通部履勘，就能開始委外經營。經歷了九年歲月，集集鎮環鎮鐵道的蒸汽火車，在2009年南投火車好多節時，曾啟動1個月試營運，來回票60元台幣，並計劃改裝設計，以全新面貌迎接遊客。2009年8月15日，台灣陷入八八風災的愁雲慘霧中，雖然大雨滂沱，為了能夠拼地方觀光，即使旅客乏人問津，慶仁二號依舊噴煙前進，風雨無阻，那種氣氛感動了所有現場的人！這十多年來，地方人士為火車請命奔走，請來官員與專家學者，明知鐵路法不合時宜，卻硬生生剝奪其生機，「法律過時不要緊，在台灣要做工程，有關係就沒關係，沒關係就有關係。」官員的一席話，道盡台灣輕便鐵道存續的現實與悲哀啊！（經過漫長的波折，2013年2月10日正式營運。）

慶仁二號蒸汽機車與車廂，平常就停放在車庫裡面，762mm軌距前方與它平行的就是集集線鐵路，1067mm軌距。

集集鎮環鎮鐵道來回票60元台幣。

集集鎮環鎮鐵道的遊園客車內裝，堪稱台灣762mm遊園車輛體系最高級的客車，全部是沙發座椅。為方便旅客進出，改成側邊開門的出入口。

集集鎮環鎮鐵道的明新書院站。

集集鎮環鎮鐵道只有這一部，外觀包覆木材材料的高級貴賓車。

中國製造的圈型簧四輪獨立避震轉向架，可以高速行駛，非常地舒適。

高級貴賓車的裝潢和三排座的內裝。

集集鎮環鎮鐵道的車輛，採用自動聯結器與氣軔煞車系統，機械規格與台鐵
1067mm軌距體系無異。堪稱台灣最高級的762mm遊園軌道體系。

2001年，集集鎮環鎮鐵道設置之初，當時的轉車台 Turntable。2007年之後被改成「旋轉木馬」。

慶仁二號蒸汽機車可以動態運行，軌距為762mm。

今日的旋轉木馬，其實下方是轉車台，後來被改造成遊樂設施。

慶仁號蒸汽機車，昔日試車動態運行的畫面，今日已經靜態保存於集集鎮十三目窯小火車之家，軌距為762mm。

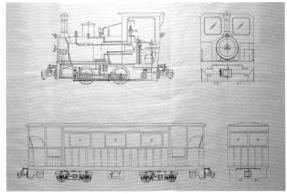

這是2001年，集集鎮環鎮鐵道原始的設計圖。慶仁號蒸汽機車，當時還沒有加入燃燒重油裝置，貴賓車也跟今日的樣貌有若干差距。

東勢鎮的騰雲號

在眾人的驚呼聲中，騰雲號在東勢客家文化園區復活，1067mm軌距。

　　騰雲號與御風號蒸汽機車，是台灣鐵路史上，最早的兩部蒸汽機車，為1887年劉銘傳建造台灣鐵路時，向德國Hohenzollern 廠所訂購。根據1999年台鐵重修騰雲號時與德國原廠取得的資料，騰雲與御風號是1887年在德國杜塞朵夫Dusseldorf 工廠製造，1888年2年運抵基隆港，德國原廠的編號444與445，屬於 Victor 型蒸汽機車，1924年騰雲號退役後，被移置今日台北228紀念公園。

　　然而，由於清代當時沒有建立良好維修記錄與紀律，以至於444是騰雲號，445是御風號，這個編號次序可能發生錯亂。1999年3月12日台鐵維修時，從蒸汽機車的連桿上發現445這個編號，因此，今日實際保存的蒸汽機車，其實是御風號，而騰雲號早在日治時期已經解體。儘管如此，台鐵在1999年6月9日鐵路節完成騰雲號整修工程，仍然重新掛上「騰雲」這個牌子，並送回台北228紀念公園台灣博物館保存。而台灣十九世紀末，騰雲號蒸汽機車行駛的模樣，完全只能憑空想像。

　　不過，二十一世紀的台灣，突然出現一個奇蹟，騰雲號竟然出現在東勢線。誠然，騰雲號在歷史上從未行駛過東勢線，不過，2009年由台中縣政府委託福霖園藝工程公司，耗資兩千萬餘元，委託大陸杭州廠商打造的復刻版—騰雲號，並在舊東勢車站附近鋪軌，不止是讓東勢線鐵路復活，也是騰雲號蒸汽機車復活。不過，復刻版的騰雲號雖然是一輛蒸汽機車，不過細部零件與原型車人有些許誤差，而且為了能

東勢客家文化園區，即是以前台鐵的東勢火車站，改裝門面之後重新出發。

夠通過環評，選擇柴油做為燃料，加熱水蒸汽來產生動力，而非使用煤炭。此外，業者還特別打造三部台灣版的Torokko 車廂，使用木質座椅還設有小桌，感覺精緻不少；為了提高行車安全規格，客車廂還有氣軔體系與煞車閘瓦，並裝置緩衝器。2009年11月下旬蒸汽火車在軌道上試車前進，不斷地冒出蒸汽，令人不禁回想起過去的鐵道時光，與消失的東勢線歲月。

　　東勢客家文化園區的復駛軌道，鋪設台糖每公尺16公斤的鐵軌，為1067mm軌距，等同恢復台鐵在十九世紀末，創業時期的輕便鐵道規模。枕木則是美國進口，為1435mm軌距

不同於原始的騰雲號，「復刻版」騰雲號燃燒重油，必須連結一部重油車廂。

的寬度，形成一種不可思議的組合。台糖762mm規格粗細的鐵軌，台鐵1067mm規格的軌距，美國1435mm規格的枕木。然而由於業者設計的曲線半徑太小，軌道也沒有做超高，機車轉彎不易，光是蒸汽機車通過就有問題，更甭論拉動車廂。加上其鍋爐在中國製造，在台灣取得使用證照，有其認證的困難。其命運類似集集鎮環鎮鐵道，即使業者宣稱非「輕便鐵道」，而主動歸類為「遊樂設施」，其營運送審仍頗受刁難，終於放棄。直到2010年底，「復刻版」騰雲號，放在東勢客家文化園區後面中任其荒蕪，承受風吹日曬雨淋，只是不知何時法規才能解套，再聞氣笛聲響？（2011年7月21日取得使用執照，2011年8月31日宣佈行駛載客。）

「復刻版」騰雲號在東勢客家文化園區，冒著白煙在試運轉，神氣活現！

荒蕪中的「復刻版」騰雲號，承受風吹日曬雨淋，何時再聞氣笛聲響？

東勢客家文化園區　電話：0425888634
地址：台中縣東勢鎮廣興里中山路1號

施工中的東勢客家文化園區的復駛軌道，為台糖每公尺16公斤的鐵軌，鋪設1067mm軌距，尚未放入軌道石砸 Ballast。

由於枕木則是美國進口，為1435mm軌距的規格，因此寬度比較寬一些。

迴圈路線的區率半徑太小，形成路線瓶頸無法過彎，這是最大的難題。

台灣版的 Torokko 車廂，停靠在東勢站的月台上。

類似日本流行的開窗列車，台灣版的 Torokko 車廂。

台灣版的 Torokko 車廂，木質座椅還設有小桌，感覺精緻不少。

為了提高行車安全規格，車廂還有氣韌體系與煞車閘瓦。

該車廂的1067mm軌距轉向架，反而比762mm軌距的更簡陋。

原始版的騰雲號蒸汽機車，燃煤鍋爐，1887年德國製造，1067mm軌距。

復刻版的騰雲號蒸汽機車，重油鍋爐，2009年中國製造，1067mm軌距。

騰雲號蒸汽機車的緩衝連結器。

活靈活現的愛蘭式氣門結構 Allan's Valve Gear。

改成重油鍋爐的
駕駛室，鍋爐的
投煤口改成重油
的輸入口。

保存於希臘雅典的國家鐵道博物館 Victor 型火車，1000mm軌距。

　　以現代科學的角度來看，騰雲號是德國 Victor 型蒸汽機車，使用德國的 Allan's Valve Gear 愛蘭式氣門，只有兩個動輪，是屬於工事用的小型蒸汽機車，並非營運用的蒸汽機車，因此火車並沒有砂箱，其爬坡力不足；加上該部蒸汽機車沒有煤炭櫃，水箱太小，續航力也不夠，可以想見當年運行於台北至基隆間辛苦的程度。因此，騰雲號可說是在清代採購經費不足之下，因陋就簡的產物，重量僅僅

16公噸，牽引力只有2300公斤，動力規格竟不如762mm軌距，28公噸級的阿里山蒸汽機車。

　　這款 Victor 型窄軌蒸汽火車，目前全世界保存數目很少，十分地珍貴。除了復刻版的騰雲號蒸汽機車，台灣博物館保存窄軌版的騰雲號以外，另外還有完整的一部，保存於希臘雅典的國家鐵道博物館。如果有機會，我們的政府機關應該與希臘國鐵洽談締結姐妹車才是。

九族文化村的遊樂區鐵道

610mm gauge

九族文化村
入園門票（含遊樂券門票，一票到底）
園區開放時間：平日 AM08:00～PM17:00　假日 AM08:00～PM17:30
＊365天營業，天天服務，農曆除夕營業至下午三點。

九族文化村的遊樂區鐵道，蒸汽機車牽引車廂遊園的風光，610mm軌距。

在台灣的風景區之中，九族文化村的環行遊園鐵道體系，是有相當規模的遊樂區鐵道，鋪設610mm軌距，與台糖的鐵道相同。該鐵路的蒸汽機車，裝置柴油引擎直接驅動，引擎的排煙由煙囪冒出，並非騰雲號與慶仁二號的重油鍋爐系統，燃燒水蒸汽驅動的真實蒸汽機車。沿途設置美輪美奐的歐洲車站與建築，火車牽引遊園車廂的風光，還頗有歐洲的鐵道風情。

台糖蒸汽機車復駛，必須使用遊樂區設施管理條例，實在是一大悲哀，因為他們的文化資產價值，與九族文化村純粹為了遊園所設計的鐵道，完全不能類比。如果有一天，台糖願意大量復駛蒸汽機車，將其中幾部送到這裡來保存運行，那麼九族文化村的鐵道，就更有台灣鐵道文化的味道了。

九族文化村的遊樂區鐵道風景，頗有歐洲鐵道風情。

九族文化村的空中纜車。

九族文化村的遊樂區鐵道車站。

票　別	全票	學生票	學童票	仁愛票
個人票	700	600	550	390
團體票	630	550	500	390

六福村的遊樂區鐵道

六福村的奈洛比 Nairobi Express，蒸汽機車與客車廂的規格，絲毫不亞於東京迪士尼樂園，762mm軌距。

六福村的遊樂區鐵道

　　台灣的遊樂區鐵道，六福村的遊園鐵道體系，都是鋪設762mm軌距，與台糖的鐵道相同。不過六福村的遊園鐵道，不論是車輛的大小，路線的長度，車站的設計，都是有最大規模的遊園鐵道系統。在這條路線上，使用美國風格的兩動輪蒸汽機車，稱為奈洛比 Nairobi Express，也是柴油引擎直接驅動，排煙由煙囪冒出，蒸汽機車的大小與客車廂的規格，絲毫不亞於東京迪士尼樂園。

　　此外，六福村的遊樂區鐵道，幾乎是A型路權鐵道的規模，全線行走高架橋的結構，是台灣所有遊樂區鐵道，最高的工程技術等級。連六福村的遊樂區鐵道木造車站，建築都有模有樣，即是東京迪士尼樂園的遊樂區鐵道車站，也不過如此。如果能夠利用這些現成的762mm軌距鐵道，也能動態保存台糖的蒸汽機車，讓遊憩與文化結合，那就太完美了。

奈洛比 Nairobi Express 蒸汽機車行駛的沿線風光。

六福村的遊樂區鐵道，行走高架橋的結構，鐵道全線幾乎是A路權的規模，是台灣所有遊樂區鐵道，最高的工程技術等級。

六福村遊樂園鐵道

成人票	890	18歲以上之成人使用
青少年票	790	滿12～17歲之青少年使用
學童票	590	限120cm以上及未滿12歲兒童使用
星光票	399	適用4.5.6.9.10月 週六、日及節日15:00～19:00
	450	適用7.8月每日16:00-21:00 春節2/14～2/21 假期15:30～-20.00

六福村的遊樂區鐵道車站，真的是有模有樣，東京迪士尼樂園的遊樂區鐵道車站，也不過如此。

小人國的遊樂區鐵道

小人國的遊樂區火車，行駛於遊樂區鐵道的畫面，610mm軌距。

在台灣這塊土地上，曾經存在610mm軌距的鐵道，例如以前的五堵基隆煤礦等等，但是今天已經完全消失了。而小人國遊樂園鐵道，卻剛好是兩英呎610mm軌距，雖然所使用的不過就是傳統的遊樂區車輛，但是裡面有轉轍器、交叉等結構，稱台灣目前最大的610mm軌距的鐵道。

小人國的遊樂區鐵道的車廂雖小，可是轉向架與壓縮空氣的煞車系統，卻與真實火車無異，堪稱麻雀雖小，五臟俱全。尤其是鋪設的鐵道，不論是軌條、轉轍器、枕木，還有鐵道兩旁的森林綠意風光，都是不折不扣的台灣輕便鐵道，實在不能僅止於以樂區鐵道去看待。我個人期待，將來推動台灣礦業鐵道610mm軌距的保存車輛復駛，例如五堵基隆煤礦蒸汽機車，利用小人國的遊樂區有現成610mm軌道，可以作為復駛的場所，既可以保存台灣現有的文化資產，增加賣點，也不必額外購買造價昂貴，卻缺乏創意的遊園列車，豈非一舉兩得？

這是早年小人國的遊樂區鐵道，所使用的火車頭，如今在車站陳列展示。

雖然鐵道軌距小，所以車廂也小，卻是麻雀雖小，五臟俱全。這部殘障車廂，前方還特別設有殘障專用乘坐空間。

不論是軌條、轉轍器、枕木，鐵道兩旁的森林綠意，都是不折不扣的台灣正統輕便鐵道。

小人國遊樂園鐵道 http://www.woc.com.tw/index_1.asp

園門票（含遊樂券門票．一票到底）					
票別	全票	學生票	學童票	幼童票	博愛票	特惠票
個人票	$499元 （原價$599元）	$499元 （原價$550元）	$499元	$399元	$399元	$290元
團體票	請事先預約					

五英吋軌距的載人鐵道

加煤加水與如何操作機車,這是一門細膩的工藝技術。

在舊山線正式復駛之前,率先復駛的就是這種五英吋軌距的載人鐵道,鋪設於真實的軌道中央,火車駕駛與製作人為游文進先生。

五英吋127mm軌距的載人鐵道,過去存在於歐洲與日本的鐵道博物館區,不過,這幾年已經在台灣流行起來。這種介於鐵道模型與真實火車之間,可以載人的迷你鐵道,駕駛員操作真實的蒸汽機車,一路噴煙前進,煤煙的味道飛灑在空氣中,讓人感受到那種氣氛。而火車開起來,氣勢浩浩蕩蕩,若非後面載的人大小比例露了餡,光看火車的構造,還會讓人誤以為這是真的火車呢!

在舊山線正式復駛之前,勝興站內率先復駛的,就是這種五英吋軌距的載人鐵道,鋪設於真實的軌道中央,台鐵DT650型蒸汽火車,就在此地復活。可別小看這種五英吋軌距的載人鐵道,如何去加煤、加水與操作機車,可是一門細膩的工藝技術。目前在台灣這個領域最具份量的師傅,即是游文進先生與林松雄先生,他們自行製作台灣的蒸汽火車縮小版,推廣鐵道文化,著實功不可沒。

台灣的礦業鐵道蒸汽機車復活,火車駕駛與製作人為林松雄先生。

蒸汽機車噴煙前進,氣勢浩浩蕩蕩,若非後面的真人駕駛露了餡,真的會讓人誤以為這是真的,台鐵DT650型蒸汽火車。

日本北海道的三笠鐵道博物館,遊園載人的300系新幹線還是前後各一名駕駛,一推一拉奔馳前進。

台灣的登山索道

495mm
gauge

透過上方的捲揚機，登山索道將台車拉上山來，旁邊還有平面的車庫線。登山索道中間的滾輪，用以支撐纜索。

許多人前往日本的箱根地區觀光，幾乎都會搭乘一條登山索道，從強羅至早雲山，包含香港的太平山鐵道也屬於此類，英文稱為 funicular，中文稱為「登山索道」，日文稱「伏地索道」。係利用纜索牽引軌道上的車廂，透過上方的捲揚機，將車廂給拉上山來或放下山去，鐵道中間的滾輪，用以支撐纜索。在日治時期的台灣，這樣的索道還算不少，比較具規模者如八仙山森林鐵道，日月潭發電廠的水力工事鐵道等等，不過今日已經完全消失，只能從老照片中去追憶。

不過，今日台北市木柵貓空山區的指南宮，還保存有有台灣最獨特的登山索道體系，495mm軌距，全長約300公尺。您還可以看見古老的山區輸送物資方式在運作，這些登山索道所用的台車，與煤礦的台車相類似，客車只是一個平台車加上木桿，除了運送建材、人員，還有拜拜用的食材。希望這條路線還能保存下來，見證台灣登山索道的一頁歷史。

這些登山索道所用的台車，與煤礦的台車相類似。

台北縣木柵貓空山區的指南宮，有台灣最獨特的登山索道體系，495mm軌距。

製磚廠也有軌道

　　假使研究輕便鐵道的範圍，拓展到「非運輸」體系，將工廠內的輸送軌道，也含進來的話，那麼台灣製磚廠的軌道，堪稱軌距相當寬的軌道。這些磚窯廠內的軌道結構，猶如台鐵機廠內的遷車台，沒有轉轍器，卻能平行移動磚塊成品的平台，鐵道的軌距至少在2公尺以上，今天在彰化大村鄉的磚窯廠，還可以目睹移動磚塊的軌道輸送車輛，這也算是 Industrial Railway 產業鐵道車輛的一種，堪稱是台灣鐵道文化的奇景之一。

彰化大村鄉的製磚廠，也有移動磚塊的軌道輸送車輛。

磚窯廠內的軌道結構，猶如台鐵
機廠內的遷車台，沒有轉轍器，
卻能平行移動磚塊成品的平台，
鐵道的軌距至少在兩米以上。

台灣最寬軌距的港區軌道體系

　　一般鐵道運輸的軌距，不太可能超過兩米寬，因為有建築界線與淨空的問題，所以才有輕便鐵道這個名詞。反過來，如果沒有建築界線與淨空的問題，而是要移動重量很高，體型非常巨大的機具，那麼台灣最寬軌距的軌道體系，可能非港區起重機專用的遷移軌道莫屬了，軌距大約為8公尺寬。這種港區遷移軌道上方，有很重的建築物，下方為四個獨立馬達驅動單軌系統，它的結構跟一般建築物開關「窗戶」的軌道很像。這也算是另類的 Industrial Railway 特大號的產業鐵道車輛吧。

台灣最寬軌距的港區軌道體系，起重機專用的遷移軌道，軌距大約為8公尺寬。

港區遷移軌道上方有很重的建築物，
下方為四個獨立馬達驅動單軌系統，
結構跟開關窗戶的軌道很像。

日本虹之鄉的迷你鐵道

日本修善寺虹之鄉的迷你鐵道，火車沿途精采的森林風光。

　　從日本伊豆箱根鐵道「修善寺」下車，搭往虹之鄉方向的東海巴士約15分，就可來位於伊豆中部，非常有名的主題樂園「虹之鄉」。這裡面最有名的鐵道，是全世界最小實用軌距381mm的鐵道，其原產地是英國 Bure Valley Railway(9mile)，以及 Romney, Hythe and Dymchurch Railway(13.5mile)，卻被搬到日本這裡複製。雖然是迷你的軌距，卻不是模型鐵道，不但有坡度標，還有鐵道圍籬與號誌。沿途隧道、橋樑、號誌全都一應俱全，有模有樣。這讓我想到匈牙利的兒童鐵路，利用這種鐵道體系，去訓練兒童操作火車，軌距雖小，但是其行車制度十分健全，以備戰時人手短缺之需，如今還成為匈牙利的觀光賣點。今日台灣雖然已經有不少遊園區鐵道，卻卡在適法性的問題，無法解套，不能用鐵路法，只能用遊樂區設施去限制與管理。台灣的「鐵路法」落伍問題，已經成為重大社會發展瓶頸，該是交通主管機關正視的時候了。

迷你鐵道的軌距為381mm，平交道已經放下，蒸汽火車即將出發。

類似台鐵的柴電機車，也會出現在軌道上運行。

其實迷你鐵道與真實的火車差距並不大，不但有坡度標千分之13.184，還有鐵道圍籬與號誌。

前瞻與未來　法規與行政有待解決
台灣輕便鐵道將何去何從？

閱畢了本書，許多人才赫然驚覺，台灣的輕便鐵道，原來是台灣最大的鐵道體系，台鐵1067mm軌距居次，台灣後來興建的1435mm標準軌距的高鐵與捷運，其運輸里程，僅僅只是少數。這些曾經作為連接城鄉運輸的交通路網，在1970年代之後，隨著台灣鄉鎮道路的發展，巴士的普及，私有汽機車的增加而逐漸沒落。其實，這並不完全是時代趨勢問題，還有國際視野問題，要負很大的政策責任。

平心而論，追溯到百年前的台灣，當時台灣與日本的運輸路網規劃，都是以窄軌為主體的國度，運輸幹線就是1067mm軌距，鄉村路網就是762mm軌距，這種結構好比奧捷德等東歐地區，運輸幹線就是1435mm軌距，鄉村路網就是1000mm軌距，更小就是760mm，750mm軌距，從大動脈到微血管，井然有序。這也正是為何在經歷百年之後，日本的與歐洲地區，輕便鐵道與窄軌運輸體系，可以獲得很好的保存，因為他們知道這些東西的由來，與在科技歷史中的地位。不過，非常可惜的是，台灣光復之後，政府大量晉用一些缺乏專業的官僚，以及留美學人擔任要職。這些人並不具備這方面的專業，然而卻以學者專家的角色位居掌握大權，他們對於輕便鐵道的認識不足，也不明白台灣光復之後，為何日本留下如此綿密的鄉村鐵路網，只好以美國運輸的公路思維，以要求現代化的理由大張旗鼓，大肆廢除輕便鐵道。

然而，更加不幸的是，台灣不論是糖業、林業、鹽業鐵道員工，從上一代到這一代，台灣輕便鐵道的基層工作者，多半是工農出身，學歷較低，雖然年紀很輕就從事相關工作，他們擁有高度專業的技術，心理覺得不對，卻也不敢講話，因為迷信博士與大官的話就是對的。台灣人崇信大官與歸國學人的話，服從官大學問大，外國的月亮圓，這也是台灣人的淳樸可愛之處。只是，就這樣一路廢除下去，公路蓋，鐵路廢，只有服從不敢異議，從1980年代中期開始，台灣固有的鐵道體系，也就面臨一場大屠殺的歷史浩劫。

這些大權在握的官員，握有考試、立法與審查的權利，並沒有學到權力的謙卑，明知自己知識不足，卻不願虛心學習，沒有去探究原來台灣這種鐵路結構，源自日本與歐洲國家的設計，沒有引用英國、德國、瑞士、奧地利、日本等這些輕便鐵路網非常發達的國家，將先進的「保存鐵道」Preserved Railway 思維帶入國內，反而以公路優先的迷思廢除之。等到建設高鐵與捷運的時代來臨，行政位階又高，預算經費龐大，同樣這一批人，在他們的眼中，權力位階似乎與軌距成正比，所以只獨厚1435mm軌距體系，繼續

阿里山森林鐵路是台灣現行維持旅客運輸功能，唯一的輕便鐵道體系。

利用低底盤的柴油客車，讓沒落的鐵道路線，立即升級為區域捷運鐵路，這是解救台灣許多鄉村鐵道遭到廢除，或是只能作為單車道的唯一解藥。(德國威瑪)

捷克雙軸的輕便鐵道柴油客車，還可以搭載自行車上車，讓長滿野草的鄉村鐵道路網，至今依然發揮良好的運輸功能。

拓展其審查與包辦工程的權力慾望。台灣最主要的1067mm、762mm軌距體系，似乎一一跌入了權力的真空瓶中，哭泣，忍耐，然後無奈地窒息。

但是，現在社會情勢已經不一樣了，二十一世紀的台灣，這十多年來我透過敝人的鐵道智庫出版，一直去呼籲社會，建立鐵道文化資產的專屬法規，不再是寄生於過時的交通法規之下。在國際上，鐵道透過 NGO/NPO 組織的保存運作，以及制定保存鐵道法規，在歐洲與日本文化資產領域已經成熟，在台灣竟亳無動靜，真的是說不過去。台灣在法規與行政上，要去徹底解決輕便鐵道的定位問題，應該有保存鐵道

法。其次應該修改嚴重過時的鐵路法，二十一世紀的台灣鐵道，真的不能再使用1958年公佈的鐵路法了，即使一修再修，多數名詞已經與實質嚴重脫節。鐵路法第十三條規定，鐵路軌距為1435mm軌距，這套從大陸帶來的舊法還在使用，對照台灣今日的環島鐵路網1067公厘軌距，真的令人啼笑皆非。更有甚者，鐵路法規定不得有平行之鐵路，集集環鎮鐵路因為與集集線平行，經歷十年歲月未獲營運許可，而高鐵與縱貫線平行，則以特別法另訂之而網開一面，無怪乎社會有不平之鳴。

此外，要修正完全不合時宜的民用鐵路法。台灣的民用鐵路法直接綑綁1435mm軌距，在制定當時只是為了高鐵量身訂做，這無可厚非，然而，台灣有多少地方鐵路是屬於窄軌體系，1067mm、762mm體系無法適用於民用鐵路法。這些鐵路為追求經營彈性與生存競爭力，如果不是 BOT、OT 或 ROT，真的不知該何去何從？從阿里山鐵路 OT 的失敗，舊山線 ROT 招商，到高雄臨港線的存廢，太多令人心酸的鐵路議題，根本原因就在法律問題，跟不上時代，然而惡法亦法，公務體系只好將就維持現狀，台灣鐵路也就永遠無法進步，開創新局。

東歐地區保存鄉村輕便鐵道，推動經濟的公共運輸，落實節能減碳，值得學習。德國的威瑪利用低底盤的柴油客車，讓沒落的鐵道路線，立即升級為區域捷運鐵路 Regional Railway，這是解救台灣許多鄉村輕便鐵道遭到廢除，或是只能作為單車道的唯一解藥。而捷克雙軸的輕便鐵道柴油客車，還可以搭載自行車上車，讓長滿野草的鄉村鐵道路網，至今依然發揮良好的運輸功能。所以，今天如果我們不能以文化資產的新視野，去愛惜與保存台灣的鐵道文化資產，台灣的輕便鐵道762mm體系，就在這一代少數官僚的偏見手中，完全毀滅。

最後，直到2010年為止，UNESCO 聯合國教科文組織登錄全球的鐵道遺產共有五條，除了奧地利薩瑪林鐵路是1435mm標準軌之外，其他幾條全部都是輕便鐵道與登山鐵道，1000mm、762mm或610mm軌距。我們只能說，遲來的正義實在是太晚，連聯合國教科文組織 UNESCO，都肯定輕便鐵道與登山鐵道的保存價值，為何在台灣除了高鐵與捷運之外，不能有新的國際化視野呢？

就在本書最後定稿的那個月，我非常感謝外交部、農委會林務局，以及印度駐台代表的支持，讓我的提案計畫「美夢成真」，促成阿里山鐵路，與印度三條 UNESCO 登錄的世界

印度 Darjeeling Himalayan Railway（1999年登錄世界遺產），610mm軌距。

印度 Kalka Shimla Railway（2008年登錄世界遺產），762mm軌距。

印度 Nilgiri Mountain Railway（2005年登錄世界遺產），1000mm軌距。

文化遺產鐵道，原則同意締結姐妹鐵道。這項阿里山鐵路的國際結盟，大幅增加其曝光度。這項結盟的意義，等同肯定阿里山鐵路，與世界遺產登山鐵道，在國際上有相同的位階。我想這項成就是屬於全體台灣同胞的驕傲，也期待台灣的行政高層能夠有嶄新的視野，去重視台灣的輕便鐵道的存續與價值。

阿里山森林鐵路與印度三條世界遺產登山鐵道的基本比較表

鐵路名稱	通車年	主線長度	海拔最高點	海拔最低點	最大坡度	軌距
印度 Kalka Shimla Railway（2008年登錄世界遺產）	1903.11.9	96.54km	2076m	656 m	30‰	762mm
印度 Nilgiri Mountain Railway（2005年登錄世界遺產）	1908.10.15	46.0km	2203.1m	325.8m	83.3‰	1000mm
印度 Darjeeling Himalayan Railway（1999年登錄世界遺產）	1881.7.4	86.0km	2257.6m	113.8m	55.5‰	610mm
台灣阿里山森林鐵路 Taiwan Alishan Railway	1912.12.25	71.9 km	2451m	30m	60.25‰	762mm

附錄　台灣輕便鐵道的基本常識

1.台灣鐵道的軌距種類

1435mm	1067mm	914mm	762mm
610mm	545mm	508mm	495mm

2.台灣輕便鐵道的六大體系

糖業鐵道、林業鐵道、鹽業鐵道、工事用鐵道、礦業鐵道、台鐵舊東線。

3.台灣輕便鐵道最大的鐵道體系

台灣糖業鐵路體系，路網里程數與車輛數皆居冠。

4.台灣輕便鐵道最早誕生的時間與路線

1906年7月9日的嘉義阿里山鐵路，北門至竹崎施工路線。
1907年9月15日起高雄橋仔頭糖廠原料線，蒸汽機車開始試運行。

5.台灣輕便鐵道法正式頒布的時間

1910年4月21日。

6.台灣糖業鐵路客運最後結束的路線

1982年底嘉義線，從嘉義後站到北港車站。

7.台灣輕便鐵道曾經拓寬762mm為1067mm軌距路線

1967年金瓜石線變成深澳線，1982年台鐵的舊台東線變成花東線。

8.台灣輕便鐵道速度最快的紀錄

1982年以前的東線光華號，762mm軌距，最高時速80公里。

9.台灣的蒸汽機車　含輕便鐵道在內復駛的紀錄

1067mm軌距	台鐵的CK101　1998年首開先河
	台鐵的CK124　2001年繼踵其後
	東勢客家文化園區　騰雲號
762mm軌距	台鐵的LDK59　民國百年的新獻禮
	台糖鐵路的蒸汽火車　370號 364號
	林務局阿里山鐵路的 Shay 蒸汽火車 25號 26號 -31號
	集集環鎮鐵道　慶仁二號 （正式營運尚有變數）

（2010年為止統計共十部，762mm軌距7部，1067mm軌距3部）

10.現今台灣輕便鐵道　最富高科技的體系

阿里山森林鐵路，裝置聯控體系，全列車自動空氣煞車等等。

11.現今台灣輕便鐵道　唯一維持旅客交通運輸功能的體系

阿里山森林鐵路，仍然適用於鐵路法的專用鐵路。

12.現今台灣輕便鐵道　最具國際知名度而且與國際登山鐵路締盟者

阿里山森林鐵路，與日本大井川鐵道、印度世界遺產登山鐵道…等結盟。

【台灣鐵道系列15】

台灣輕便鐵道小火車

攝影‧撰文／蘇昭旭
書籍裝幀／王行恭設計事務所　詹安妮
發行人／周元白
出版者／人人出版股份有限公司
地址／23145新北市新店區寶橋路235巷6弄6號7樓
電話／(02)2918-3366 (代表號)
傳真／(02)2914-0000
網址／www.jjp.com.tw
郵政劃撥帳號／16402311人人出版股份有限公司
製版印刷／長城製版印刷股份有限公司
電話／(02)2918-3366(代表號)
經銷商／聯合發行股份有限公司
電話／(02)2917-8022
第一版第一刷／2011年1月
第一版第三刷／2015年12月
定價／新台幣600元
行政院新聞局局版台業字第6124號

國家圖書館出版品預行編目資料

台灣鐵路火車百科 II，台灣輕便鐵道小火車 ／ 蘇昭旭著.
-- 第一版. -- 新北市新店區：人人，2011.01
面；　公分 . -- （台灣鐵道系列；15）

ISBN 978-986-6435-53-9（平裝）

1. 鐵路 2. 火車 3. 台灣

557.2633　　　　　　　　　　99024124